PLATOS VEGANOS
EN UN SOLO RECIPIENTE

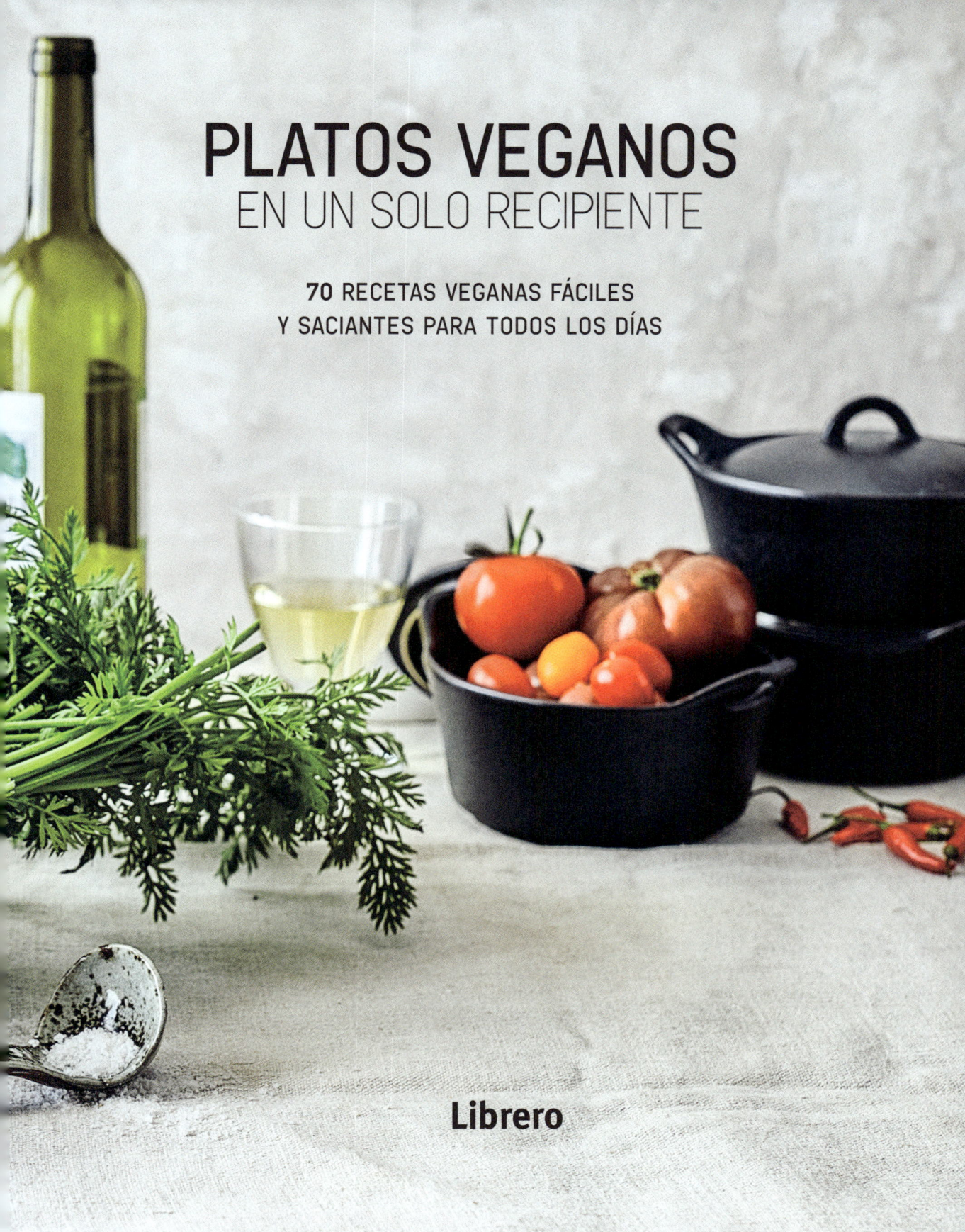

Título original: *Vegan One-Pan*
© 2025 Librero b.v. (edición española)
Hambakenwetering 8B
5231 DC 's-Hertogenbosch
Países Bajos

Publicado en 2023 por
Ryland Peters & Small

Copyright del texto © Ghillie Basan,
Liz Franklin, Tonia George, Dunja Gulin,
Kathy Kordalis, Jenny Linford, Hannah
Miles, Louise Pickford, Leah Vanderveldt,
Laura Washburn Hutton y Ryland
Peters & Small 2023 (créditos
completos en la página 160)

Copyright del diseño y
de las fotografías © Ryland
Peters & Small 2023

Diseñadora sénior Toni Kay
Editora sénior Abi Waters
Directora editorial Julia Charles
Jefa de producción Patricia Harrington
Directora de producción Gordana
Simakovic
Directora creativa Leslie Harrington
Indexadora Vanessa Bird

Producción de la edición española:
Traducción: Míriam Torras para
Delivering iBooks & Design
Redacción y maquetación: Delivering
iBooks & Design, Barcelona

Distribución exclusiva de
la edición española:
Librero IBP S. L.
C/ Paseo de los Olmos,
n.º 20, planta 1.ª, oficina 7
28005 Madrid, España
www.librero-ibp.es

Impreso en China
ISBN: 978-94-6499-163-5

Se han realizado todos los esfuerzos
posibles para garantizar que la
información recogida en este libro sea
correcta. En caso de error u omisión
al consignar los derechos de autor
de las imágenes incluidas en la obra,
Librero b.v. pide disculpas y se
compromete a enmendar la información
en futuras ediciones del libro.

NOTAS:
• En este libro las medidas se dan en
el sistema métrico.
• Las cucharadas indicadas en las
medidas son rasas.
• Cuando en una receta se requiere la
ralladura de un cítrico, compre frutas
sin encerar y lávelas bien antes de
utilizarlas. Si solo puede encontrar
frutas tratadas, cepíllelas bien en agua
jabonosa caliente antes de utilizarlas.
• El horno se debe precalentar a la
temperatura indicada en las recetas.
Recomendamos utilizar un termómetro
para horno. Si dispone de un horno de
convección, ajuste la temperatura
de acuerdo con las instrucciones del
fabricante.

CONTENIDO

INTRODUCCIÓN

Las dietas basadas en productos de origen vegetal no dejan de ganar adeptos. Las hortalizas, que antiguamente quedaban relegadas a un segundo plano frente a carnes y pescados, tienen cada vez más protagonismo. Lo mejor es que hoy día tenemos a nuestra disposición una superabundancia de hortalizas y hierbas frescas maravillosas, versátiles y saludables, y cada vez más gente las cultiva en casa. Es fácil encontrar especias e ingredientes increíbles que proceden de diferentes partes del mundo, así como buenos productos que nos permiten añadir proteínas a nuestras comidas sin tener que recurrir a la carne o el pescado, así que seguir una dieta vegana es sencillo. Si además cocemos todos los ingredientes en un mismo recipiente, cocinar resulta una tarea todavía más fácil y cómoda. Se ahorra en tiempo y en limpieza. Reducir la cantidad de cacharros para lavar después de preparar una comida nos deja más tiempo libre, algo valioso en el ajetreado mundo actual.

COCINARLO TODO A LA VEZ

Esto es solo una breve selección de recipientes que puede necesitar para elaborar las recetas de este libro, los cuales transformarán una tarea que suele ser laboriosa en una experiencia culinaria rápida y eficiente.

Cazos y cazuelas con tapa: son increíblemente versátiles y perfectos para hacer sopas, cremas y estofados cociendo todos los ingredientes a la vez en el fogón.

Cazuelas de hierro fundido/ollas de hierro/ tajines: son recipientes resistentes con tapas que se ajustan a la perfección. Suelen emplearse para preparar estofados y platos de cocción lenta al horno.

Sartenes: merece la pena invertir en una sartén de base gruesa que pueda ir al horno. Le dará mucha más versatilidad en la cocina, ya que podrá empezar a cocer una comida en el fogón y terminarla en el horno.

Wok: suele utilizarse para hacer comidas de cocción rápida, como salteados.

Bandejas o fuentes refractarias y bandejas del horno: comprar bandejas resistentes y de buena calidad, y cuidarlas bien, le será muy útil y, a la larga, le permitirá ahorrar dinero. Adquiera un par de bandejas de tamaños y profundidades diferentes para que se adecuen a distintas comidas.

UN DESPENSA BIEN PROVISTA

Nunca deben subestimarse las ventajas que supone contar con una despensa bien surtida, siempre y cuando prime la calidad por encima de la cantidad. La despensa ideal invita a reabastecerla periódicamente, puesto que incluye ingredientes que se utilizan casi a diario. Así, si ha tenido un día especialmente ajetreado, siempre podrá improvisar algo para la cena.

DESAYUNOS

GRANOLA CON COCO Y CHOCOLATE

- 190 g de copos de avena
- 80 g de almendra fileteada (sustitúyela por pipas de girasol o de calabaza si desea una versión sin frutos secos)
- 4 cucharadas de cacao en polvo
- 2 cucharadas de semillas de chía
- 1/2 cucharadita de sal marina
- 1 cucharada de maca en polvo (opcional)
- 60 ml de aceite de coco derretido
- 60 ml de jarabe de arce puro
- 45 g de virutas de coco

PARA UNOS 500 G

Si disfruta de los desayunos dulces y crujientes, preparar su propia granola es una de las cosas más fáciles y gratificantes que puede aprender a hacer. Esta receta hecha con cacao es como una versión para adultos de los cereales de arroz hinchado chocolateado.

Precaliente el horno a 160°C (140°C si es de aire).

En un bol grande, mezcle los copos de avena con la almendra, el cacao, las semillas de chía, la sal y, si lo desea, la maca. Remuévalo bien para que todo quede bien recubierto de cacao.

En una jarra medidora, mezcle el aceite con el jarabe de arce y bátalo con un tenedor. Vierta los ingredientes húmedos sobre los secos y mézclelo todo bien hasta que la avena quede bien impregnada.

Extienda la mezcla de manera uniforme en una bandeja refractaria y cuézala en el horno precalentado 20 minutos. Saque la bandeja, gírela 180 grados, esparza el coco por encima y cuézalo de 15 a 20 minutos más.

Nota. Si en algún momento huele a quemado, saque la bandeja para que se enfríe un poco, remueva la mezcla y baje un poco la temperatura del horno. Vuelva a meter la bandeja en el horno y cuézala el tiempo restante o un poco menos. A continuación, sáquela y deje que la granola se enfríe por completo en la misma bandeja; aquí es cuando se pondrá crujiente. Una vez enfriada, trocéela. Se conserva hasta 2 semanas en un recipiente hermético a temperatura ambiente o hasta 1 mes en el frigorífico.

GACHAS CLÁSICAS DE AVENA CORTADA Y EN COPOS

- 70 g de avena cortada
- 50 g de copos de avena
- 2 cucharaditas de vinagre de manzana
- 500 ml de agua, y un poco más para remojar la avena
- 250 ml de leche vegetal de su elección
- 3/4 de cucharadita de sal

INGREDIENTES OPCIONALES
- compota de frutos del bosque
- coco tostado (*véase* a la derecha)
- fruta fresca en rodajas (como plátano, fresas o kiwi)
- fruta deshidratada troceada (como arándanos rojos, piña o papaya)
- complementos que den textura (como pistachos, semillas de chía, frambuesas liofilizadas o arándano en polvo)
- azúcar moreno o jarabe de arce puro

PARA 2-3 RACIONES

Esta sencilla pero maravillosa combinación de avena cortada y copos de avena crea unas gachas saciantes cuya consistencia granulada no pierde la cremosidad.

La noche anterior, mezcle los dos tipos de avena, cúbralas con 5 cm de agua y añada el vinagre. Déjelo reposar a temperatura ambiente al menos 8 horas.

A la mañana siguiente, escurra la avena y enjuáguela. Pásela a una cazuela y agregue el agua, la leche vegetal y la sal.

Llévelo a ebullición y baje el fuego para que hierva a fuego lento. Deje la cazuela medio destapada y cueza las gachas de 10 a 15 minutos, removiendo de vez en cuando. La mezcla debería absorber casi todo el líquido y quedar suelta, no pegajosa. Si prefiere las gachas menos espesas, añádales más agua y leche vegetal y, sin dejar de remover, cuézalas un par de minutos más.

Sírvalas adornadas con los ingredientes que desee.

COCO TOSTADO

- 45 g de virutas grandes de coco deshidratadas y sin endulzar

PARA 45 G

Precaliente el horno a 180 °C (160 °C si es de aire). Extienda las virutas de coco en la bandeja del horno forrada con papel vegetal y cuézalas de 3 a 5 minutos, hasta que se doren. Vigílelas porque se queman enseguida. Deje que se enfríen. Guárdelas en un recipiente hermético a temperatura ambiente y consúmalas en un plazo de 2 semanas.

GRANOLA CON PACANAS, NIBS DE CACAO,
BAYAS DE GOJI Y ALQUEQUENJES

- 250 g de copos de avena gruesos
- 100 g de semillas variadas (pipas de girasol, semillas de cáñamo, semillas de sésamo, linaza, semillas de chía, etc.)
- 50 g de aceite de coco solidificado (o aceite de oliva)
- 50 ml de jarabe de arroz integral
- 1 pizca de sal
- 150 g de pacanas troceadas
- 100 g de alquequenjes
- 100 g de bayas de goji
- 50 g de nibs de cacao

PARA 10 RACIONES

El tueste prolongado a temperatura baja aporta a la granola un sabor delicioso y una textura crujiente que resultan irresistibles, además de convertirla en una opción más económica y saludable que las granolas envasadas. Esta versión queda menos compacta que las no veganas, pero para nada le falta sabor. Sírvala con una cucharada generosa de su yogur de coco favorito y fruta fresca y, si prefiere que quede más dulce, añada un chorrito de jarabe de dátiles por encima.

Precaliente el horno a 150°C (130°C si es de aire).

Ponga los copos de avena y las semillas en un bol y ralle el aceite de coco por encima (o añada el aceite de oliva). Eche el jarabe de arroz y la sal. Remuévalo hasta que todo quede bien mezclado. Extiéndalo en una bandeja refractaria y tuéstelo en el horno unos 40 minutos, hasta que la granola esté crujiente y dorada.

Agregue las pacanas y tuéstelo de 5 a 10 minutos más, hasta que las pacanas empiecen a dorarse. Saque la bandeja del horno y déjelo enfriar antes de incorporar los alquequenjes, las bayas de goji y los nibs de cacao. Guarde la granola en un recipiente hermético a temperatura ambiente y consúmala en un plazo de 2 semanas.

COMPOTA DE RUIBARBO, MORAS Y ARÁNDANOS ASADOS CON YOGUR DE COCO

- 400 g de ruibarbo
- 200 g de moras
- 200 g de arándanos
- 60 g de azúcar
- 60 ml de agua hirviendo
- las semillas de 2 vainas de vainilla
- 50 ml de granadina (opcional)
- 400 g de yogur de coco, para servir

PARA 4 RACIONES

Además de vistosa, esta combinación de tres frutas es exquisita. Asar el ruibarbo en el horno es ideal porque así conserva la forma, siempre y cuando no lo cueza demasiado y se le deshaga al sacarlo de la fuente. La granadina, un jarabe de granada de un bonito color rubí, es opcional, pero teñirá el jugo de un llamativo color rosado (elija granadina auténtica, ya que las marcas más baratas, casi fluorescentes, suelen ser una mezcla de jarabe de maíz y colorante).

Precaliente el horno a 190 °C (170 °C si es de aire).

Limpie el ruibarbo y retírele las hebras. Corte los tallos en trozos de 3 cm y dispóngalos en una bandeja refractaria grande y honda. Reparta las moras y los arándanos por encima. Mezcle al azúcar con el agua hirviendo en una jarra y añada las semillas de vainilla. Incorpore la granadina, si lo desea, y vierta el líquido por encima de la fruta. Cúbralo con papel de aluminio y áselo de 12 a 15 minutos, hasta que el ruibarbo empiece a estar tierno. Sáquelo del horno y sírvalo caliente, con el yogur de coco.

GACHAS DE LECHE DE AVENA AL HORNO CON PERA, ALMENDRA Y JARABE DE DÁTILES

- 160 g de copos de avena gruesos
- 1,2 litros de leche de avena
- 75 g de semillas variadas
- 2 cucharaditas de pasta de vainilla
- 1 cucharadita de canela molida
- 3 peras medianas maduras pero consistentes sin el corazón y en dados
- 80 g de fruta deshidratada variada (pasas, bayas de goji, alquequenjes, arándanos rojos, etc.)

PARA SERVIR
- 2 cucharadas de almendra fileteada tostada
- 4 o 5 cucharadas de jarabe de dátiles
- un poco más de leche de avena

PARA 4-6 RACIONES

Quizá se pregunte por qué debería preparar las gachas en el horno cuando cuesta tan poco cocerlas del modo tradicional. La respuesta es que, en lugar de estar de pie delante del fogón removiendo sin cesar, de esta manera podrá mezclar los ingredientes y dejar que se transformen en un delicioso desayuno gracias al vapor que se genera mientras usted aprovecha para darse un baño, practicar los saludos al sol, arreglarse para ir a trabajar o incluso volver a la cama con el libro que está leyendo.

Precaliente el horno a 170°C (150°C si es de aire).

Mezcle los copos y la leche de avena. Incorpore las semillas, la vainilla, la canela, la pera y la fruta deshidratada. Extiéndalo todo en una bandeja refractaria, cúbralo con papel de aluminio y áselo 30 minutos. Sáquelo del horno y repártalo entre varios cuencos. Esparza la almendra por encima y rocíelo con el jarabe de dátiles y un poco más de leche de avena. Sírvalo enseguida.

ARROZ NEGRO CON LECHE DE COCO AL LAUREL
CON FRUTAS TROPICALES

- 3 latas de 400 ml de leche de coco
- 250 g de arroz negro venere
- 50 g de azúcar
- • 1 pizca de sal en escamas
- 2 hojas de laurel

PARA SERVIR
- 1 papaya madura
- 1/2 piña mediana madura
- 1 mango maduro
- 2 kiwis
- 2 o 3 maracuyás

PARA 4 RACIONES

Esta combinación, ligeramente empalagosa, de arroz negro y leche de coco es una exquisitez, pero no prescinda de la pizca de sal en escamas porque es indispensable para redondear el plato.

Precaliente el horno a 170 °C (150 °C si es de aire).

Vierta la leche de coco en una bandeja refractaria honda. Llene de agua una de las latas y agréguela junto con el arroz, el azúcar, la sal y las hojas de laurel. Cubra la bandeja con papel de aluminio y cuézalo 1 1/4 horas, hasta que el arroz esté tierno y pegajoso pero no seco.

Pele la papaya, pártala por la mitad, quítele las semillas y córtela en láminas. Pele la piña, quítele la parte central dura y trocéela. Pele el mango, deshuéselo y córtelo en láminas. Pele los kiwis y córtelos en rodajas. Parta los maracuyás por la mitad.

Retire las hojas de laurel, remueva el arroz y sírvalo en cuencos, con los trozos de fruta y un chorrito de la pulpa de maracuyá por encima.

TOSTADITAS Y CIRUELAS ASADAS
CON CANELA Y AZÚCAR

- 600 g de ciruelas partidas por la mitad y deshuesadas
- 4 rebanadas medianas de pan de centeno de masa madre
- 50 g de aceite de coco
- 50 g de azúcar mascabado claro u oscuro
- 1 cucharadita de canela molida
- yogur vegetal, para servir

PARA 4 RACIONES

Las melosas ciruelas y las crujientes tostadas espolvoreadas con azúcar y canela son una manera exquisita de empezar el día. Si además les añade una buena cucharada de yogur de coco o de soja (o crema de anacardo), le harán derretir de placer.

Precaliente el horno a 200 °C (180 °C si es de aire).

Disponga las ciruelas, con la parte cortada hacia arriba, a lo largo de un lado de la bandeja del horno. Unte el pan con la mitad del aceite de coco. Reparta el resto del aceite en trocitos por encima de las ciruelas. Mezcle el azúcar con la canela, esparza un poco por encima de las rebanadas de pan y colóquelas al otro lado de la bandeja. Esparza el resto de azúcar con canela por encima de las ciruelas. Áselo todo en el horno unos 30 minutos, hasta que el pan esté crujiente y las ciruelas tiernas pero no deshechas. Disponga las ciruelas encima de las tostadas y sírvalo caliente adornado con el yogur.

Fotografía de la receta en la página 22.

TRES GACHAS DE CEREALES

PARA TODAS

- 50 g de cereales para gachas (*véase* abajo)

FRÍAS (SIN COCCIÓN)

- $1/4$ de cucharadita de canela molida
- 100 ml de leche de almendra
- 1 pizca de sal
- 2 cucharadas de yogur vegetal
- 50 g de mezcla de fruta deshidratada y frutos secos
- 1 manzana rallada, y un poco más para adornar
- 1 chorrito de jarabe de dátiles
- $1/2$ cucharada de crema de frutos secos

DE TONOS TIERRA

- 300 ml de leche de anacardos
- 30 g de dátiles picados, y un poco más para adornar
- 30 g de frutos secos variados picados
- 2 cucharadas de semillas de chía
- $1/2$ cucharadita de canela molida
- $1/2$ cucharadita de cacao en polvo sin endulzar
- 2 rodajas de piña picadas
- 1 o 2 cucharadas de jarabe de arroz

CON FRUTOS ROJOS Y ROSAS

- 250 ml de leche de avena sin aditivos
- $1/2$ cucharadita de canela molida y 1 o 2 de jarabe de dátiles
- 100 g de frutos rojos congelados
- 2 cucharadas de crema de anacardos
- 1 o 2 cucharadas de yogur de coco
- unas gotas de agua de rosas
- 1 puñado de frutos rojos frescos
- unos pétalos de rosa comestibles (opcional)

PARA 1 RACIÓN

Aquí tiene tres elegantes maneras de preparar gachas. La versión fría combina leche de almendra con frutos secos y canela, y se adorna con crema de frutos secos y manzana recién rallada, que le da un toque especial. Las gachas de tonos tierra llevan frutos secos y, gracias a los dátiles, las especias y la piña deshidratada, son muy nutritivas. Las de frutos rojos y rosas son ideales para un comienzo del día de lo más bonito.

GACHAS FRÍAS (SIN COCCIÓN)

La noche antes de servirlas, incorpore la canela, la leche de almendra y 1 pizca de sal a sus cereales para gachas. Al día siguiente, si las gachas le parecen demasiado espesas, puede añadirles un poco más de agua. Adórnelas con el yogur, la mezcla de fruta deshidratada y frutos secos, la manzana, el jarabe de dátiles y la cremas de frutos secos.

GACHAS DE TONOS TIERRA

Ponga los cereales para gachas y la leche de anacardos en un cazo y remuévalo. Agregue los dátiles, los frutos secos, las semillas de chía, la canela y el cacao y cuézalo 5 minutos, removiendo de vez en cuando. Adórnelo con más dátiles picados, la piña deshidratada y el jarabe de arroz.

GACHAS CON FRUTOS ROJOS Y ROSAS

Ponga los cereales para gachas en un cazo y añada la leche de avena, la canela y el jarabe de dátiles. Cuézalo 5 minutos a fuego lento, removiendo, hasta que las gachas estén hechas y queden cremosas. Eche los frutos congelados y cuézalo 2 minutos o hasta que se hayan calentado bien. Incorpore la crema de anacardos, el yogur de coco y el agua de rosas, échelo en un cuenco y adórnelo con frutos rojos frescos y, si lo desea, pétalos de rosa.

CEREALES PARA GACHAS

- 200 g de copos de avena
- 200 g de copos de espelta
- 200 g de copos de centeno

PARA 8-10 RACIONES

En tandas, tueste los copos de avena, espelta y centeno en una sartén grande 5 minutos, hasta que se doren. Déjelos enfriar y guárdelos en un recipiente hermético. Cuando quiera preparar las gachas, solo tiene que mezclar 50 g de la mezcla con 300 ml de leche o agua en un cazo. Cuézalo 5 minutos, removiendo de vez en cuando.

TOFU REVUELTO

- 150 g de setas shiitake frescas
- 4 cucharadas de aceite de oliva
- 120 g de cebolla cortada por la mitad y luego en láminas finas
- ½ cucharadita de sal marina
- 80 g de espárragos verdes sin el extremo, recortándolo en diagonal (si son silvestres, utilice solo las puntas tiernas)
- 2 cucharadas de tamari
- ½ cucharadita de cúrcuma molida
- 300 g de tofu fresco chafado con un tenedor
- 4 cucharadas de agua, si fuera necesario
- 1 cucharadita de aceite de sésamo oscuro
- ½ cucharadita de albahaca seca picada o 2 cucharadas de albahaca fresca picada
- pimienta negra majada

PARA 2-3 RACIONES

Es imposible imaginar a alguien que no le guste el tofu cocinado de esta manera tan rica. Este plato es especialmente ideal para aquellos que eran amantes del huevo, ya que tiene un aspecto y un sabor similares a los de los huevos revueltos. De hecho, ¡es incluso mejor! Como puede emplear diferentes tipos de hortalizas, hierbas y especias, esta receta solo es una sugerencia primaveral, época de espárragos, sean silvestres o cultivados. Para hacer este plato, utilice un wok grande de hierro fundido o una sartén de base gruesa.

Corte las setas por la mitad a lo largo y luego en cuñas más finas. Eche el aceite, la cebolla y la sal en un wok o una sartén y rehogue la cebolla brevemente a temperatura media, removiendo con vigor para evitar que se pegue.

Agregue las setas, los espárragos, el tamari y la cúrcuma, y siga removiendo con dos cucharas de madera. Cuando la setas hayan absorbido parte del tamari, suba la temperatura, añada el tofu y cuézalo, removiendo, 1 o 2 minutos más. El tofu revuelto debe quedar de un tono amarillo uniforme. Llegados a este punto, puede que tenga que añadir agua para que el tofu quede más jugoso y cocerlo un par de minutos más. No obstante, el hecho de añadir agua dependerá de lo blando que sea el tofu, ya que los tipos más blandos son jugosos y no requieren más agua.

Incorpore el aceite de sésamo y la albahaca, condiméntelo con pimienta y sírvalo caliente, con unas rebanadas tostadas de pan casero.

SOPAS Y CREMAS

CREMA DE CALABAZA Y COCO CON ESPECIAS

- 1 cucharada de aceite de aguacate o de coco
- 1 cebolla en dados
- 3 dientes de ajo bien picados
- 2 cucharadas de jengibre recién rallado
- 1 cucharadita de comino molido
- $1/2$ cucharadita de canela molida
- $1/2$ cucharadita de cayena molida
- $1/4$ de cucharadita de nuez moscada molida y 1 pizca de pimienta de Jamaica molida
- 2 zanahorias troceadas
- 450 g de calabaza en dados o 2 latas de puré de calabaza
- 475 ml de agua hirviendo
- 1 lata de 400 g de leche de coco, a ser posible que no sea baja en grasa
- sal marina, al gusto
- 135 g de arroz integral, cebada o farro cocidos

PARA 4-6 RACIONES

Esta crema tan sabrosa es ideal para entrar en calor durante las primeras semanas frías de otoño. Con su ligero dulzor, su atrevida combinación de especias y el sabor a fruto seco de los cereales, proporciona una sensación de calma y confort a la vez que se aleja de las sencillas cremas de calabaza. Queda muy bien servida con hojas frescas de cilantro y un chorrito de zumo de lima.

En una cazuela grande con tapa, caliente el aceite a temperatura media. Añada la cebolla, sazónela con sal y rehóguela, removiendo de vez en cuando, de 6 a 8 minutos, hasta que se dore.

Eche el ajo, el jengibre, el comino, la canela, la cayena, la nuez moscada y la pimienta de Jamaica, y cuézalo 1 minuto, removiendo con frecuencia.

Añada la zanahoria y la calabaza, y sazone con sal. Vierta el agua hirviendo y remuévalo todo. Tápelo y déjelo cocer 10 minutos. Destápelo y déjelo hervir a fuego lento otros 10 minutos, hasta que las hortalizas estén tiernas.

Apague el fuego e incorpore la leche de coco. Tritúrelo con la batidora de brazo, o en tandas en el robot de cocina, hasta obtener una crema homogénea. Reparta la crema en cuencos y sirva cada uno con 1 porción de arroz integral, cebada o farro cocidos.

SOPA VERDE TAILANDESA

- aceite de oliva o de aguacate, para freír
- 1 puerro, solo la parte blanca y la verde claro, en rodajas finas
- 2 dientes de ajo bien picados
- 2 cucharadas de pasta de curry verde tailandés (lea la etiqueta para asegurarse de que sea vegana)
- 1 brócoli en trocitos, tronchos incluidos
- 475 ml de agua hirviendo
- 1 calabacín troceado
- 125 g de guisantes congelados
- 2 buenos puñados de col rizada sin los tronchos y troceada
- 1 lata de 400 g de leche de coco, preferiblemente que no sea baja en grasa
- 5 ramitas de cilantro troceadas, tallos incluidos, y un poco más para servir
- sal marina, al gusto
- arroz integral cocido, para servir (opcional)

PARA 3-4 RACIONES

Esta sopa rebosante de hortalizas frescas es perfecta para aprovechar las verduras que tenga en el frigorífico. La pasta de curry verde le confiere el sabor de las especias tailandesas, mientras que la leche de coco le da cremosidad. Puede sustituir la col rizada por espinacas (frescas o congeladas) o acelgas, o echarle ese colinabo que no sabía para qué utilizar. ¡A esta sopa todo le queda bien! Puede servirla triturada en forma de crema, con una porción de arroz integral para darle textura y sustancia, o saltarse este paso y servirla con los trozos de verduras; usted elige.

En una cazuela grande con tapa, caliente un buen chorro de aceite a temperatura media-alta. Añada el puerro, sazónelo al gusto con sal y rehóguelo, removiendo de vez en cuando, de 5 a 7 minutos, hasta que se ablande.

Eche el ajo y sofríalo 1 minuto. Incorpore la pasta de curry y cuézalo 1 minuto más. Agregue el brócoli y el agua hirviendo, y remuévalo todo.

Llévelo a ebullición a fuego lento y eche el calabacín. Tape la cazuela y deje cocer la sopa a fuego lento unos 5 minutos, hasta que las hortalizas estén tiernas.

Añada los guisantes y la col, tape la olla y cuézalo todo 1 o 2 minutos más, hasta que la col se ablande. Apague el fuego e incorpore la leche de coco (reservando un poco para adornar) y el cilantro.

Si lo prefiere triturado, utilice la batidora de brazo o tritúrelo en tandas en el robot de cocina, hasta obtener una crema prácticamente homogénea.

Sírvala en cuencos con más cilantro, un chorrito de la leche de coco reservada y, si lo desea, una porción de arroz integral.

SOPA DE HORTALIZAS DE PRIMAVERA

- aceite de oliva, para freír
- 1 cebolla en daditos
- 2 puerros, solo la parte blanca y la verde claro, partidos por la mitad a lo largo y luego en trocitos finos
- 3 dientes de ajo bien picados
- las hojas de 10 ramitas de tomillo fresco
- 1 cucharada de perejil bien picado, tallos incluidos
- 950 ml de caldo de verduras
- 400 g de alubias blancas cocidas, escurridas y enjuagadas
- 1 calabacín en trocitos
- 125 g de guisantes congelados, descongelados
- 1 zanahoria pelada y cortada en láminas con el pelapatatas
- 130 g de col rizada sin los tronchos y troceada
- sal marina, al gusto
- pesto vegano, para servir

PARA 4-6 RACIONES

Esta sopa está deliciosa tal cual, pero queda de maravilla servida con pesto vegano encima, ya sea recién hecho o comprado. Le da un toque herbáceo que casa perfectamente con las temperaturas primaverales, que empiezan a ser más cálidas.

Caliente a fuego medio una capa fina de aceite en una cazuela grande o una olla de hierro. Eche la cebolla y el puerro, sazone con sal y rehóguelo 7 u 8 minutos, hasta que estén tiernos.

Añada el ajo, las hojas de tomillo y el perejil, y rehóguelo 1 minuto más.

Vierta el caldo, suba la temperatura y llévelo a ebullición. Eche las alubias, baje el fuego y déjelo hervir a fuego lento, destapado, 15 minutos, removiendo varias veces.

Agregue el calabacín y cuézalo otros 3 minutos, hasta que el calabacín esté tierno pero firme.

Incorpore los guisantes, la zanahoria y la col, y apártelo del fuego. Deje reposar la sopa 5 minutos para que los sabores se entremezclen.

Repártala en cuencos, eche 1 buena cucharada de pesto en cada uno, remueva bien y sírvalos.

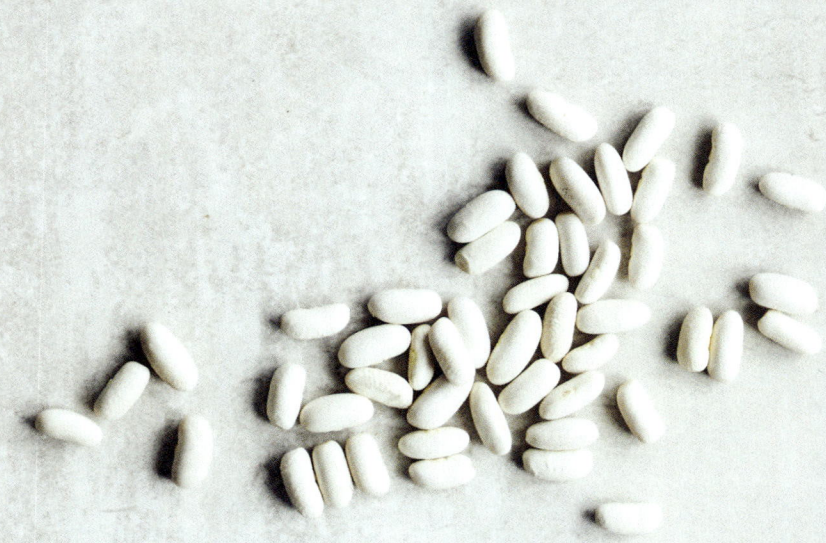

SOPA DE LENTEJAS, ESPINACAS Y COMINO

- 3 cucharadas de aceite de oliva virgen extra
- 2 cebollas en rodajas
- 4 dientes de ajo en láminas
- 1 cucharadita de cilantro molido
- 1 cucharadita de semillas de comino
- 150 g de lentejas pardinas o verdes
- 1,25 litros de caldo de verduras
- 200 g de espinacas
- el zumo recién exprimido de 1 limón
- sal marina y pimienta negra recién molida

PARA SERVIR
- 4 cucharadas de yogur de coco o de soja
- 25 g de piñones ligeramente tostados

PARA 4 RACIONES

La crujiente cebolla frita le da un toque magnífico a esta sopa del Oriente Próximo, pero tiene que atreverse a dorarla muchísimo, de manera que quede casi negra, para que desprenda el máximo sabor. Para que no se le queme, primero debe dejar que se ablande completamente.

Caliente el aceite en una cazuela grande de base gruesa o una olla y eche la cebolla. Rehóguela, tapada, de 8 a 10 minutos, hasta que se ablande. Retire la mitad de la cebolla y resérvela.

Siga rehogando la cebolla de la cazuela 10 minutos más, hasta que esté de color marrón oscuro, dulce y caramelizada. Sáquela y resérvela para adornar.

Devuelva la cebolla ablandada a la cazuela, agregue el ajo, el cilantro, el comino y las lentejas, y remuévalo 1 o 2 minutos, hasta que todo quede bien impregnado de aceite. Vierta el caldo, llévelo a ebullición, baje el fuego y déjelo cocer a fuego lento unos 30 minutos, hasta que las lentejas estén tiernas.

Agregue las espinacas y remueva hasta que se ablanden. Pase la mitad de la sopa a la batidora de vaso y tritúrela hasta obtener un puré. Échelo de nuevo en la cazuela. Sazónelo con el zumo de limón, sal marina y pimienta negra.

Reparta la sopa entre los cuencos, ponga 1 cucharada de yogur en cada uno y esparza los piñones y la cebolla frita por encima.

SOPA DE MISO CURATIVA

- 1 trozo de alga wakame deshidratada de 7,5 cm
- 1 trozo de jengibre de 2,5 cm
- 4 cebolletas
- 110 g de tofu fresco
- 2 cucharadas de aceite de sésamo
- 4 dientes de ajo majados
- 1 pizca de sal marina
- 500 ml de agua caliente
- 1 o 2 cucharadas de miso de cebada o de arroz
- 2 cucharadas de perejil recién picado
- el zumo recién exprimido de ½ limón

PARA 2 RACIONES

Si al preparar esta nutritiva sopa quiere experimentar con las capas de sabores, pruebe a combinar diferentes tipos de miso en el mismo caldo. Como el hatcho miso (miso de soja) es de alta calidad pero tiene un sabor fuerte, puede mezclar ½ cucharada de este tipo de miso con ½ de miso de cebada. De este modo, obtendrá las ventajas de ambos tipos de pastas de soja. En las épocas de calor, tal vez prefiera sustituir las pastas de miso oscuras por miso blanco, de un sabor más dulce y suave.

Ponga a remojar el alga wakame en un bol con 120 ml de agua hasta que se ablande. Escúrrala (reservando el agua), píquela y resérvela. Pele el jengibre y pique bien la mitad. Ralle la otra mitad en un cuenco y resérvelo. Pique las cebolletas, separando la parte blanca de la verde. Corte el tofu en daditos.

En una sartén, saltee la parte blanca de la cebolleta 1 minuto en el aceite de sésamo, y luego añada el ajo, el jengibre picado y la sal. Saltéelo un poco más, agregue el agua caliente, el tofu, el wakame y su agua reservados y tápelo. Llévelo a ebullición, baje el fuego y déjelo cocer a fuego lento 4 minutos. Apártelo del calor.

Vierta unos 60 ml de agua caliente en un cuenco. Agregue el miso y remuévalo muy bien con un tenedor, hasta que se haya disuelto por completo. Échelo en el sartén, tápelo y déjelo reposar 2 o 3 minutos. Estruje el jengibre rallado con la mano para echar el jugo que suelte directamente en la sopa caliente. Deseche la pulpa restante de jengibre. Añada la cebolleta picada, el perejil y el zumo de limón, y sírvalo de inmediato.

SOPA DE MISO CON FIDEOS

- 100 g de fideos soba
- 1 cucharadita de sal
- ½ cucharada de tamari
- 2½ cucharadas de aceite de sésamo oscuro
- 3 setas shiitake deshidratadas
- 1 tira de alga wakame (opcional)
- 1 cucharada de ajo picado
- 2 cucharadas de jengibre picado
- 1 cebolla pequeña en dados
- 2 zanahorias en dados (unos 100 g en total)
- 120 g de calabaza en dados
- ¼ de cucharadita de cúrcuma molida
- pimienta negra recién molida
- 1 pizca de guindilla molida
- 100 g de brotes de soja
- 2 cucharadas de miso de arroz o de cebada
- 130 g de hojas de espinacas picadas

PARA 3 RACIONES

Una buen cuenco de esta sopa constituye una comida magnífica, especialmente cuando uno se siente cansado y falto de energía. También es ideal como cena tardía, ya que nutre pero no satura demasiado el sistema digestivo antes de irse a dormir. Además, las setas shiitake deshidratadas tienen un efecto relajante para el cuerpo.

En una cazuela grande o una olla, hierva los fideos en 1,25 litros de agua con sal hasta que estén al dente. Escúrralos, reservando el líquido de cocción. Pase los fideos bajo el chorro de agua fría, escúrralos, póngalos en un bol y rocíelos con el tamari y ½ cucharada del aceite de sésamo. Mézclelo bien y resérvelo.

En un cuenco, ponga a remojar en agua caliente las setas shiitake y, si la utiliza, el alga wakame.

Enjuague la cazuela o la olla en la que ha cocido los fideos y vierta dentro el aceite de sésamo restante. Saltee el ajo y el jengibre 2 o 3 minutos a temperatura media y, después, añada la cebolla, la zanahoria, la calabaza y 1 pizca de sal. Mézclelo todo bien y saltéelo 2 o 3 minutos.

Eche la cúrcuma, la pimienta y la guindilla, y remueva. Cuando las especias y las hortalizas comiencen a chisporrotear, vierta el líquido de cocción reservado y 500 ml más de agua caliente. Ponga la tapa y llévelo a ebullición a fuego medio. Mientras tanto, escurra las setas y el alga y píquelas bien, desechando los pies de las setas.

Cuando la sopa rompa a hervir, eche los brotes de soja, las setas y el alga, baje la temperatura y cuézala, tapada, 10 minutos. Ponga el miso en un cuenco y vierta 1 cucharón de la sopa caliente. Disuélvalo completamente con la ayuda de unas varillas pequeñas o un tenedor. Aparte la sopa del fuego y agréguele el miso diluido y las espinacas picadas. Pruébela y rectifique la sazón. Remuévala, tápela y déjela reposar 1 minuto.

Reparta los fideos cocidos entre los cuencos y vierta la sopa por encima, asegurándose de que en cada ración caen muchas hortalizas y brotes. Sírvala enseguida.

CREMA DE BONIATO, CILANTRO Y JARABE DE ARCE

- 1 litro de caldo de verduras
- 500 g de boniatos pelados y picados
- 50 g de cilantro, y un poco más para adornar
- 40 ml de jarabe de arce puro
- 40 ml de salsa de soja
- el zumo recién exprimido de 2 limas
- sal marina y pimienta negra recién molida

PARA 4 RACIONES

El boniato es la hortaliza ideal para preparar cremas, ya que su textura es suave, lisa y cremosa. Con esta receta, obtendrá una crema dulce y sabrosa. Si algún comensal no puede ingerir gluten, asegúrese de que la salsa de soja que utilice sea sin gluten, ya no que todas las marcas lo son. Esta es una crema que se cuece a fuego lento y, para prepararla, solo hay que poner todos los ingredientes en una olla y dejarlos cocer. ¡Más práctico imposible!

Vierta el caldo en un cazo y añada el boniato y la mitad del cilantro. Déjelo hervir a fuego lento hasta que el boniato esté tierno.

Agregue el jarabe de arce, la salsa de soja y el zumo de lima, y salpimiente al gusto. Eche el resto del cilantro y tritúrelo todo en el robot de cocina hasta obtener una crema suave. También puede utilizar la batidora de brazo.

Reparta la crema en cuatro cuencos, adórnela con un poco de cilantro fresco y sírvala enseguida.

SOPA DE TRES ALUBIAS

- 1 cucharada de aceite de oliva
- 1 cebolla picada
- 1 diente de ajo bien picado
- 1 pimiento amarillo sin las semillas y en trocitos
- 1 zanahoria pelada y en trocitos
- 1 calabacín en trocitos
- 400 g de alubias negras cocidas, escurridas y enjuagadas
- 400 g de alubias blancas cocidas, escurridas y enjuagadas
- 400 g de alubias rojas cocidas en salsa de guindilla
- 400 g de tomate troceado en conserva
- 1 cucharada de concentrado de tomate
- 250 ml de vino tinto vegano
- 1 litro de caldo de verduras
- 1 cucharadita de orégano
- 1 puñado de albahaca troceada, y un poco más para servir
- 100 g de pasta para sopa
- sal marina y pimienta negra recién molida
- parmesano o cheddar veganos recién rallados, para servir

PARA 6 RACIONES

Las alubias son una gran fuente de proteínas para quienes siguen una dieta vegana. Puede preparar esta sopa con los tipos que prefiera. Las alubias en conserva son la opción más fácil porque ya están cocidas, pero, si lo desea, también puede prepararlas en casa: solo debe dejarlas en remojo toda la noche y, después, cocerlas siguiendo las indicaciones del envase. La salsa de guindilla de las alubias rojas no suele ser demasiado picante, así que, si prefiere una sopa con un toque más ardiente, agréguele guindilla molida o unos copos de guindilla junto con las alubias.

En una cazuela grande, caliente el aceite y rehogue la cebolla hasta que esté blanda y traslúcida. Añada el ajo, sofríalo hasta que empiece a dorarse, eche el pimiento, la zanahoria y el calabacín, y rehóguelos hasta que se ablanden.

Agregue las alubias negras y blancas junto con las alubias rojas en salsa, el tomate troceado, el concentrado, el vino, el caldo, el orégano y la albahaca, y déjelo hervir a fuego lento unos 30 minutos.

Eche la pasta y cuézala a fuego lento el tiempo indicado en el envase, normalmente de 8 a 10 minutos, hasta que esté hecha. Salpimiente la sopa generosamente.

Con la batidora de brazo, la de vaso o el robot de cocina, triture rápidamente la sopa: la idea es que queden muchos trozos y solo triture parte de la mezcla para espesar la sopa. Pruébela y, si fuera necesario, rectifique la sazón con sal y pimienta.

Reparta la sopa en 6 cuencos y sírvala con parmesano o cheddar veganos recién rallados y algunas hojas troceadas de albahaca.

CREMA DE ESPINACAS Y NUEZ MOSCADA

- 2 cucharadas de aceite de oliva
- 1 cebolla bien picada
- 160 g de espinacas
- 1 litro de caldo de verduras
- 250 g de patatas blancas peladas y en daditos
- 1 pizca de nuez moscada rallada
- 100 ml de nata vegetal para montar
- sal marina y pimienta negra recién molida
- pangrattato (*véase* la página 48) o picatostes, para servir (opcional)

PARA 4 RACIONES

Las espinacas y la nuez moscada son una combinación deliciosa: el aroma embriagador de la especia transforma totalmente este plato. Las espinacas tienen muchas vitaminas y son una de esas verduras que aportan muchos beneficios a la salud. Esta crema se prepara muy deprisa, por lo que es ideal si quiere hacer algo rico después de trabajar.

Caliente el aceite en una cazuela grande a fuego medio y saltee la cebolla hasta que esté blanda y traslúcida. Añada las espinacas, el caldo y la patata y déjelo hervir a fuego lento de 15 a 20 minutos, hasta que la patata esté tierna.

Sazónela con sal, pimienta y 1 buena pizca de nuez moscada recién rallada. Tritúrelo todo en la batidora de vaso o el robot de cocina hasta obtener una crema homogénea. También puede utilizar la batidora de brazo. Devuelva la crema a la cazuela, incorpórele la nata y caliéntela a fuego lento.

Sírvala enseguida, si lo desea con pangrattato o picatostes.

CREMA ESTIVAL

- 2 mazorcas de maíz enteras
- 2 cucharadas de aceite de oliva
- 1 cebolla picada
- 3 pimientos amarillos sin las semillas y troceados
- 1 litro de caldo de verduras
- el zumo recién exprimido de 1 limón
- pétalos de caléndula y de aciano, para adornar
- pangrattato (*véase* abajo), para servir (opcional)

PARA 4 RACIONES

Esta alegre crema, de un vivo color amarillo y adornada con pétalos deshidratados, es un plato perfecto para el verano. Es ligera, saludable y reconfortante. Si quiere hacerla más espesa, agregue dos patatas junto con el caldo, déjelas hervir a fuego lento hasta que se ablanden y tritúrelo todo.

Con un cuchillo afilado y trabajando sobre la tabla de cortar, separe los granos de las mazorcas. Échelos en un cazo con el aceite y la cebolla, y cuézalo a fuego bajo hasta que la cebolla esté blanda y traslúcida. Añada el pimiento y cuézalo hasta que esté tierno. Vierta el caldo y el zumo de limón, y déjelo hervir a fuego lento de 15 a 20 minutos.

Tritúrelo en la batidora de vaso o el robot de cocina, o con la batidora de brazo, y páselo por un colador de malla fina o el pasapurés para retirar las pieles del maíz y del pimiento y obtener una crema lisa. Devuélvala al cazo y caliéntela bien.

Repártala en 4 cuencos y adórnela con los pétalos de caléndula y de aciano. Si lo desea, sírvala con pangrattato.

PANGRATTATO

- 1 rebanada de pan seco
- un poco de aceite de oliva
- sal marina y pimienta negra recién molida

PARA UNOS 50 G

En el robot de cocina, triture bien el pan. Caliente el aceite en una sartén y eche el pan triturado. Salpiméntelo y tuéstelo hasta que las migas de pan queden crujientes. Vaya removiendo para que el pan no se queme.

Variantes. *Puede dar un toque diferente a esta receta añadiendo 1 diente de ajo o ralladura de limón cuando triture el pan.*

CREMA DE PATATA CON MISO

- 1½ cucharadas de aceite de girasol u otro aceite vegetal
- 200 g de champiñones marrones en láminas gruesas
- 1 puerro lavado y en rodajas finas
- 700 g de patatas harinosas peladas y en dados
- 1 cucharada de jerez amontillado (compruebe la etiqueta para asegurarse de que sea vegano), si lo desea
- 1 cucharada colmada de pasta de miso oscura
- 1 litro de caldo de verduras
- 1 cucharadita de salsa de soja
- 1 cucharada de cebollino recién picado
- sal marina y pimienta negra recién molida

PARA 4 RACIONES

La pasta de miso japonesa le da un toque de sabor umami a esta espesa crema de patata; puede disfrutarla como primer plato o como plato único a modo de comida ligera.

Caliente ½ cucharada del aceite a fuego medio en una cazuela grande. Sofría los champiñones hasta que empiecen a dorarse, sáquelos de la sartén y resérvelos.

Vierta el resto del aceite en la cazuela y rehogue el puerro, removiendo, hasta que se ablande. Eche la patata y mézclelo todo bien. Vierta el jerez, si lo desea, y déjelo cocer 1 o 2 minutos. Incorpore la pasta de miso.

Agregue el caldo y la salsa de soja. Llévelo a ebullición, tápelo y déjelo hervir a fuego lento 20 minutos, hasta que la patata esté tierna. Pruebe la sopa y rectifique la sazón al gusto con sal y pimienta negra recién molida.

Retire la mitad de la sopa y tritúrela hasta que quede homogénea con la batidora de brazo o en la de vaso. Devuelva la sopa triturada a la cazuela y mézclela bien con la sopa restante. Deje hervir la crema a fuego lento para calentarla bien.

Incorpórele los champiñones fritos. Adórnela con el cebollino y sírvala enseguida.

SOPA DE PATATA AL CURRY MASSAMAN

- 1 cucharada de aceite de oliva
- 1 cebolla bien picada
- 1 diente de ajo bien picado
- 1 cucharada de pasta de curry massaman
- 450 g de patatas peladas y en dados de 2,5 cm
- 2 cucharadas de crema de cacahuete
- 200 ml de leche de coco
- 600 ml de caldo de verduras
- el zumo recién exprimido de 1 o 2 limas, al gusto
- 1 cucharada de jarabe de arce puro
- sal marina y pimienta negra recién molida

PARA SERVIR
- cacahuetes salados bien picados
- rodajas de guindillas

PARA 4 RACIONES

El curry massaman es un delicioso plato tailandés, poco picante pero sabroso, repleto de cacahuetes y patata y enriquecido con leche de coco. Tradicionalmente se hace con ternera, pero esta versión vegana sabe incluso mejor.

Caliente el aceite a fuego suave en un cazo y saltee la cebolla hasta que esté blanda, traslúcida y un poco caramelizada. Eche el ajo y cuézalo unos minutos más, vigilando que no se queme. Agregue la pasta de curry y cuézalo 1 o 2 minutos más.

Añada la patata, la crema de cacahuete, la leche de coco y el caldo, y déjelo hervir a fuego lento hasta que la patata esté muy tierna. La patata se deshará y espesará la sopa.

Vierta el zumo de lima y el jarabe de arce, y salpimiente. Aunque puede triturar la sopa, es agradable dejarla con los trozos de patata para darle textura.

Reparta la sopa en cuencos y sírvala adornada con cacahuetes picados, rodajas de guindilla y un poco de pimienta negra.

CREMA CARIBEÑA DE BONIATO Y COCO

- 2 cucharadas de aceite de oliva
- 1 cebolla bien picada
- 2 dientes de ajo bien picados
- 1 cucharadita de pasta de aderezo jamaicano
- 1 cucharada de concentrado de tomate
- 600-700 g de boniatos pelados y troceados
- 700 ml de caldo de verduras
- 1 lata de 400 ml de leche de coco
- sal marina y pimienta negra recién molida
- virutas de coco tostadas, para servir

PARA 4-6 RACIONES

La pasta de aderezo jamaicano tiene un increíble sabor picante. Es tan versátil que puede utilizarse para condimentar cualquier comida. Puede ser realmente intensa, así que no añada demasiada cantidad o la crema le quedará muy picante.

En una cazuela grande, caliente el aceite a fuego suave y eche la cebolla. Rehóguela hasta que quede blanda y traslúcida. Agregue el ajo y cuézalo unos minutos, hasta que empiece a dorarse. Eche la pasta de aderezo jamaicano y fríala para que se desarrollen los aromas. La cantidad depende de lo picante que quiera la crema. Esta pasta suele tener un sabor muy intenso, así que no añada demasiada si no quiere que el plato quede muy picante.

Añada el concentrado de tomate y el boniato, cuézalo unos minutos más y, después, vierta el caldo y la leche de coco. Déjelo hervir a fuego lento de 20 a 30 minutos, hasta que el boniato esté tierno.

Pase la sopa a la batidora de vaso o el robot de cocina y tritúrela hasta obtener una crema homogénea. También puede utilizar la batidora de brazo. Salpimiéntela al gusto. Sírvala caliente con virutas de coco tostadas y un poco más de pimienta negra.

CREMA DE COLIFLOR

- 2 cucharadas de aceite de oliva virgen extra
- 4 dientes de ajo majados
- 1 cebolla picada
- 1 coliflor dividida en ramitos
- 1 patata pelada y troceada
- 500 ml de caldo de verduras
- 250 ml de leche vegetal sin endulzar
- 4 cucharadas de levadura nutricional (o al gusto)
- sal marina y pimienta negra recién molida

PARA SERVIR
- 1 cucharada de nata de avena u otra nata vegana
- 1 puñado de cebollino bien picado
- 1 puñado de brotes de guisante
- granos de pimienta verde majados

PARA 4 RACIONES

¡El paraíso de los veganos en un cuenco! Esta maravillosa crema hecha a base de hortalizas contiene levadura nutricional, que le confiere un delicioso sabor que recuerda al queso sin necesidad de añadir productos lácteos.

Caliente el aceite en una cazuela grande y eche el ajo y la cebolla. Cuézalos a temperatura media-alta hasta que se doren. Añada la coliflor, la patata, el caldo y la leche, y llévelo a ebullición. Déjelo cocer a a temperatura media-alta de 15 a 20 minutos o hasta que la coliflor esté tierna.

Agregue la levadura nutricional y un poco de sal y pimienta, y tritúrelo con la batidora de brazo hasta obtener una crema homogénea.

Sírvala con un remolino de nata de avena, cebollino picado, brotes de guisante y granos de pimienta verde majados

Fotografía de la receta en la página 56.

SOPA DE FIDEOS DAN DAN CON COLIFLOR

- 400 g de fideos chinos de arroz
- 300 g de coliflor dividida en ramitos
- 1 zanahoria pelada y cortada en rodajas finas al bies con un pelador de hortalizas
- 2 calabacines cortados en forma de espaguetis
- 100 g de edamame congelado

CALDO
- 1 litro de caldo de verduras de buena calidad
- 3 dientes de ajo majados
- 1 trozo de jengibre de 4 cm rallado
- 3 cucharaditas de azúcar de palma

SALSA PARA EL CALDO
- 3 cucharadas de salsa de soja clara
- 2 cucharadas de tahín
- 4 cucharadas de vinagre negro (no balsámico)
- 2 cucharaditas de salsa de soja oscura
- 1 cucharadita de ketjap manis
- 1 cucharadita de aceite a la guindilla, y un poco más para adornar
- 2 cucharaditas de aceite de sésamo

PARA ADORNAR
- rodajas de cebolleta
- hojas de cilantro
- semillas de sésamo tostadas

PARA 4 RACIONES

Esta sopa de fideos dan dan es una explosión de sabores. Asimismo, también es una comida muy saludable que puede tener lista en un abrir y cerrar de ojos. Para prepararla, use hortalizas de temporada.

Ponga todos los ingredientes del caldo en una cazuela grande y llévelo a ebullición. Mientras tanto, mezcle los ingredientes de la salsa en un cuenco.

Cuando el caldo rompa el hervor, eche los fideos y, 1 minuto después, la coliflor y la zanahoria. Transcurrido 1 minuto más, aparte la cazuela del fuego y eche las hortalizas restantes junto con la salsa. Mézclelo todo bien y, si fuera necesario, rectifique la sazón con chorritos de los ingredientes de la salsa.

Reparta los fideos y las hortalizas en 4 cuencos. Eche cucharones de sopa por encima y adórnelo con las rodajas de cebolleta, las hojas de cilantro y el sésamo tostado, así como más aceite a la guindilla si quiere darle un toque aún más picante.

CURRIES Y ESTOFADOS

CURRY VERDE TAILANDÉS CON CAULILINI

- 2 cucharadas de aceite de coco
- 2 cucharadas de pasta de curry verde tailandés (lea la etiqueta para asegurarse de que sea vegana)
- 1 cebolla roja en rodajas
- 4 dientes de ajo majados
- 200 g de caulilini o de ramitos de coliflor
- 1 pimiento rojo sin las semillas y en tiras finas
- 2 zanahorias normales o moradas peladas y en rodajas al bies
- 2 cogollos pequeños de pak choi partidos por la mitad
- 100 g de tirabeques
- 1 cucharada de azúcar de palma
- 1 cucharada de aminoácidos líquidos (o de tamari)
- 1 lata de 400 ml de leche de coco
- 3 hojas de lima kaffir
- el zumo recién exprimido de 1 lima
- sal marina y pimienta negra recién molida

PARA SERVIR
- 1 manojo de albahaca morada tailandesa
- sambal oelek (opcional)
- arroz cocido
- cuñas de lima

PARA 4 RACIONES

Este plato es aromático, cremoso, fresco y ácido, tal como debe ser un buen curry tailandés. Añadir los aminoácidos líquidos en lugar de la tradicional salsa de pescado intensifica los sabores y aporta un toque extra de umami.

Caliente la mitad del aceite de coco en una cazuela grande o un wok precalentado a temperatura media-alta; tenga cuidado porque salpica.

Eche la pasta de curry y fríala 1 minuto, removiendo para incorporarla al aceite. Baje la temperatura, añada la cebolla y rehóguela 8 minutos, hasta que empiece a estar traslúcida.

Agregue el ajo, remueva y, después, eche la cucharada restante de aceite de coco. Añada el caulilini (o la coliflor), el pimiento, la zanahoria, el pak choi y los tirabeques. Eche el azúcar de palma, los aminoácidos líquidos (o el tamari), salpimiente un poco y remuévalo todo bien. Baje el fuego a temperatura media y, sin dejar de remover, déjelo cocer de 10 a 15 minutos, hasta que la zanahoria esté tierna y crujiente.

Añada la leche de coco y las hojas de lima, remueva y déjelo hervir a fuego lento unos 5 minutos. Vierta el zumo de lima por encima, remueva y apártelo del fuego.

Incorpore la albahaca morada y, si lo desea, el sambal oelek. Sírvalo con arroz y cuñas de lima.

DAL DE LENTEJAS ROJAS

- aceite de oliva o de coco, para freír
- 2 cebollas en rodajas finas
- 3 dientes de ajo bien picados
- 1 trozo de jengibre de 2,5 cm rallado
- 2 cucharaditas de comino molido
- 1 cucharadita de cúrcuma molida
- 1 cucharadita de cilantro molido
- $\frac{1}{2}$ cucharadita de garam masala
- $\frac{1}{4}$ de cucharadita de cayena molida
- 400 g de tomate troceado en conserva
- 270 g de lentejas rojas secas
- 2 zanahorias en daditos
- 120 g de col rizada en tiras finas
- sal marina y pimienta negra recién molida, al gusto

PARA SERVIR

- arroz al vapor
- 1 pizca de copos de guindilla roja seca
- cilantro recién picado
- crema de coco

PARA 4-6 RACIONES

Esta deliciosa combinación de lentejas, tomate en conserva y especias de su despensa conforma un reconfortante estofado que puede preparar cualquier noche fría en la que no le apetezca salir.

Caliente aceite suficiente para cubrir la base de una cazuela grande a fuego medio-alto. Añada la cebolla, sazone al gusto con sal y, removiendo de vez en cuando, rehóguela de 10 a 12 minutos, hasta que empiece a caramelizarse. Si se secara demasiado, incorpórele 1 chorrito de agua.

Eche el ajo y el jengibre, y sofríalos 1 minuto. Agregue las especias y cuézalo 1 minuto más. Añada el tomate, cuézalo hasta que vuelva a borbotear y, después, eche 950 ml de agua y las lentejas. Ponga la tapa y llévelo a ebullición.

Eche la zanahoria, tápelo y déjelo cocer a fuego lento de 20 a 30 minutos, hasta que las lentejas empiecen a deshacerse y la zanahoria esté tierna. Incorpore un poco de pimienta negra y la col.

Apague el fuego y, con la cazuela tapada, déjelo reposar 15 minutos antes de servirlo con arroz, los copos de guindilla, cilantro y 1 chorrito de crema de coco.

GARBANZOS TIKKA MASALA

- aceite de coco, para freír
- 1 cebolla en daditos
- 1 pimiento amarillo sin las semillas y bien picado
- 2 dientes de ajo bien picados
- 2 cucharaditas de garam masala
- 1 cucharadita de comino molido
- ½ cucharadita de cúrcuma molida
- 2 zanahorias peladas y bien picadas
- 800 g de garbanzos cocidos, escurridos y enjuagados
- 800 g de tomate en conserva, triturado en su jugo o troceado
- 1 lata de 400 g de leche de coco, preferiblemente que no sea baja en grasa
- ¼ de cucharadita de cayena molida (opcional)
- sal marina, al gusto

PARA SERVIR (OPCIONAL)
- arroz integral o quinoa cocidos
- panes naan veganos
- hojas de cilantro recién picadas
- guindilla recién picada

PARA 6 RACIONES

Esta receta, preparada con garbanzos en una exquisita salsa hecha a base de tomate, es una versión vegana de una comida imprescindible de la cocina india. Si la sirve con arroz esponjoso, guindilla picada, hierbas frescas y pan naan vegano, la convertirá en un sencillo pero sustancioso banquete.

Caliente aceite de coco suficiente para cubrir bien la base de una cazuela grande a fuego medio-alto.

Eche la cebolla y el pimiento, y sazone con sal. Rehóguelos, removiendo, unos 10 minutos.

Añada el ajo y siga rehogando 1 minuto más. Agregue el garam masala, el comino y la cúrcuma, y cuézalos 30 segundos, hasta que desprendan aroma.

Eche la zanahoria, los garbanzos y el tomate. Llévelo a ebullición, baje el fuego para que hierva a fuego lento y ponga la tapa. Déjelo cocer a fuego lento de 15 a 20 minutos.

Vierta la leche de coco, déjelo hervir a fuego lento 5 minutos más y apártelo del fuego. Si lo desea, incorpore la cayena. Deje reposar el curry, con la tapa para que no se enfríe, al menos 15 minutos, para que los sabores se entremezclen.

Acompáñelo de arroz integral o quinoa y sírvalo a su gusto con panes naan veganos, hierbas frescas y guindilla.

CURRY DE TOMATE

- 1 cucharada de aceite vegetal
- 6-8 hojas de curry
- 1 cucharadita de semillas de comino
- ½ cucharadita de cúrcuma molida
- 400 g de tomates, cada uno cortado en 8 trozos
- 2 cucharaditas de cilantro molido
- ½ cucharadita de guindilla molida
- 1 cucharadita de azúcar moreno oscuro
- sal marina y pimienta negra recién molida
- cilantro, para adornar

PARA 4 RACIONES

Rápido y fácil de hacer, este plato tan sabroso es ideal como comida de entre semana después de un día de trabajo ajetreado. Sírvalo con arroz basmati al vapor y pan plano indio, como chapati o roti.

Caliente el aceite en una sartén grande de base gruesa. Eche las hojas de curry, el comino y la cúrcuma, y fríalos 1 minuto, removiendo, hasta que desprendan mucho aroma.

Añada el tomate y remueva para impregnarlo bien de especias. Esparza el cilantro, la guindilla y el azúcar por encima, y remuévalo todo bien. Salpiméntelo.

Siga cociéndolo de 3 a 5 minutos, removiendo a menudo, hasta que el tomate se haya calentado bien pero sin que se deshaga.

Adórnelo con cilantro y sírvalo enseguida.

DAL DE TOMATE CON TARKA

- 200 g de lentejas rojas partidas
- 300 g de tomates
- 1 cucharada de aceite de girasol
- 1 cebolla pelada y picada
- 3 dientes de ajo pelados y picados
- 1 trozo de jengibre de 5 cm pelado y picado
- 1 puñado de hojas de curry
- 1 cucharada de concentrado de tomate
- ½ cucharadita de cúrcuma molida
- ½ cucharadita de guindilla molida
- 1 pizca de sal marina
- 1 cucharadita de azúcar moreno

TARKA (OPCIONAL)
- 1 cucharada de aceite de girasol
- 1 diente de ajo pelado y picado
- 2 cucharaditas de semillas de comino

PARA 4 RACIONES

El tomate combina a la perfección con las legumbres, ya que intensifica su sabor. Esta receta es un buen ejemplo de comida india reconfortante.

Enjuague las lentejas bajo el chorro de agua fría y páselas a un bol grande. Cúbralas con agua fría y déjelas en remojo 30 minutos.

Escalde los tomates poniéndolos en un bol refractario y rociando agua hirviendo por encima de ellos. Déjelos reposar 1 minuto, escúrralos y pélelos con un cuchillo afilado. Trocéelos, recogiendo el jugo que suelten, y resérvelos.

Caliente el aceite a fuego medio en una olla o una cazuela de base gruesa. Sofría la cebolla, el ajo y el jengibre 2 o 3 minutos, removiendo a menudo, hasta que se ablanden y desprendan aroma. Incorpore el tomate, las hojas de curry, el concentrado, la cúrcuma y la guindilla.

Escurra las lentejas y póngalas en la olla junto con 300 ml de agua. Sazónelo con sal y agregue el azúcar. Llévelo a ebullición, tápelo parcialmente, baje el fuego y déjelo cocer a fuego lento de 20 a 30 minutos, removiendo a menudo, hasta que las lentejas estén tiernas y se haya absorbido toda el agua.

Cuando las lentejas estén cocidas, prepare el tarka, si desea añadirlo. Caliente el aceite a fuego medio en una sartén pequeña. Eche el ajo y deje que se dore. Añada el comino y fríalo hasta que desprenda aroma. Rocíe el chisporroteante tarka por encima del dal y sírvalo.

LAKSA CON COLIFLOR

- 1 cucharada de aceite vegetal
- 4 cucharadas de pasta para laksa vegana
- 1 litro de caldo de verduras
- 1 cucharada de salsa de soja
- 1 cucharada de azúcar de palma
- 1 lata de 400 ml de leche de coco
- 200 g de coliflor dividida en ramitos o de minicoliflores
- 80 g de minicalabacines
- 100 de yemas de espárragos verdes
- el zumo recién exprimido de 1 o 2 limas
- 200 g de fideos soba o de fideos chinos de arroz

PARA SERVIR
- 50 g de brotes de soja
- 3 cebolletas en rodajas al bies
- 10 g de hojas de cilantro
- 1 guindilla roja en rodajas al bies
- tofu crujiente (aproveche restos o prepare la receta de la derecha)
- cuñas de lima
- salsa de guindilla

PARA 4 RACIONES

El laksa, la maravillosa sopa picante de fideos y coco de Malasia, es un plato que hay que probar al menos una vez en la vida. Se trata de una sopa sustanciosa, aromática, algo picante y repleta de hortalizas.

Caliente un wok a fuego alto y vierta el aceite. Mueva el wok para repartirlo bien. Eche la pasta para laksa y, sin dejar de remover, cuézala 3 minutos o hasta que desprenda aroma.

Añada el caldo, la salsa de soja y el azúcar, y llévelo a ebullición. Baje el fuego a temperatura media. Vierta la leche de coco y déjelo hervir a fuego lento 5 minutos. Agregue la coliflor, los minicalabacines y las yemas de espárrago, y cuézalo 2 minutos. Apártelo del fuego y eche el zumo de lima al gusto. Remueva para mezclarlo todo.

Mientras tanto, ponga los fideos en un bol refractario. Cúbralos con agua hirviendo y déjelos en remojo 5 minutos o hasta que se ablanden. Escúrralos y repártalos entre 4 cuencos. Con un cucharón, reparta la sopa por encima de los fideos.

Sírvala con los brotes de soja, la cebolleta, el cilantro, la guindilla, tofu crujiente (si lo desea), cuñas de lima y 1 chorrito de salsa de guindilla.

TOFU CRUJIENTE

- **200 g de tofu firme escurrido**
- **1 cucharada de maicena**
- **sal marina**
- **2 cucharadas de aceite vegetal, para freír**

PARA 2-4 RACIONES

Forre un plato con dos capas de papel de cocina y coloque el tofu encima. Ponga un plato de postre sobre el tofu y luego añada algo encima a modo de peso. Después, seque el tofu con papel de cocina. Córtelo en dados, sazónelos con sal y rebócelos bien con maicena. Caliente el aceite en una sartén y coloque los dados de tofu en una sola capa. Al entrar en contacto con el aceite, el tofu debe chisporrotear; si no fuera así, espere unos minutos para que el aceite se caliente más. Primero el tofu se pegará en la sartén, así que espere a que se despegue antes de dorarlo por el otro lado. Fríalo hasta que esté dorado y crujiente de modo uniforme. Páselo a una rejilla metálica para que se enfríe un poco. Solo se mantendrá crujiente unas horas.

CURRY CON COCO, ESPINACAS Y CHAMPIÑONES

- 1 cucharada de aceite de girasol
- 1 cucharadita de semillas de mostaza
- 1 cebolla bien picada
- 1 trozo de jengibre de 2,5 cm bien picado
- 2 dientes de ajo picados
- $1/2$ rama de canela
- 4 vainas de cardamomo
- 2 cucharaditas de cilantro molido
- 2 cucharaditas de comino molido
- $1/2$ cucharadita de cúrcuma molida
- $1/4$ de cucharadita de guindilla molida
- 1 lata de 400 ml de leche de coco
- 400 g de champiñones partidos por la mitad
- 250 g de espinacas frescas
- sal marina y pimienta negra recién molida
- arroz basmati cocido, para servir

PARA 4 RACIONES

Si al llegar a casa después de un largo día de trabajo quiere preparar una comida rápida pero rica, este curry meloso y aromático es la opción perfecta. Los champiñones y las espinacas requieren muy poco tiempo de cocción, así que lo tendrá listo en un santiamén. Para completar el sabor de este delicioso plato de los trópicos, sírvalo con perfumado arroz basmati o pan plano naan o paratha.

Caliente el aceite a fuego medio en una cazuela de hierro fundido, una olla de hierro o una cazuela grande de base gruesa. Eche las semillas de mostaza y sofríalas hasta que empiecen a saltar. Agregue la cebolla, el jengibre, el ajo, la canela y el cardamomo, y rehóguelo a fuego suave 5 minutos, removiendo a menudo, hasta que la cebolla se haya ablandado y la mezcla desprenda aroma.

Mientras tanto, mezcle el cilantro, el comino, la cúrcuma y la guindilla con 2 o 3 cucharadas de agua para formar una pasta de especias.

Incorpore la pasta a la mezcla de cebolla. Sofríalo 1 minuto sin dejar de remover. Vierta la leche de coco y remueva hasta que rompa el hervor. Añada los champiñones y déjelo hervir a fuego lento 5 minutos. Agregue las espinacas y cuézalo brevemente, hasta que empiecen a ablandarse. Salpiméntelo y sírvalo enseguida con arroz.

CHILI DE ALUBIAS Y CHAMPIÑONES

- 1 cucharada de aceite de oliva
- 1 cebolla picada
- 1 diente de ajo picado
- 1 rama de apio picada
- ½ pimiento rojo bien picado
- 150 g de champiñones silvestres (portabellini) bien picados
- 1 cucharadita de comino molido
- 1 pizca de orégano
- ½ cucharadita de pimentón ahumado
- 400 g de tomate troceado en conserva
- 1 cucharadita de pasta de chipotle
- 1 pizca de azúcar
- 400 g de alubias rojas cocidas, escurridas y enjuagadas
- 200 gde champiñones blancos, partidos por la mitad si son grandes
- sal marina y pimienta negra recién molida

PARA SERVIR
- cilantro recién picado
- yogur de coco o de soja
- queso vegano rallado

PARA 4 RACIONES

Esta picante versión vegana del clásico chili con carne es fácil y rápida de hacer. Es una receta práctica porque también puede prepararla con antelación y dejarla en el frigorífico hasta que la necesite. Queda especialmente bien con yogur de soja o de coco, cuya acidez contrasta de maravilla con este sustancioso plato hecho a base de tomate.

Caliente el aceite a temperatura media en una cazuela de hierro fundido o una olla de hierro y eche la cebolla, el ajo, el apio y el pimiento. Sin dejar de remover, sofríalos 5 minutos, hasta que se ablanden. Añada los champiñones silvestres, el comino, el orégano y el pimentón, y sofríalo, removiendo, otros 5 minutos.

Agregue el tomate, 200 ml de agua, la pasta de chipotle y el azúcar. Salpimiéntelo y remuévalo bien. Llévelo a ebullición e incorpore las alubias y los champiñones blancos.

Baje el fuego a temperatura media y déjelo cocer todo a fuego lento, sin tapar, 15 minutos, removiendo de vez en cuando. Repártalo entre los cuencos y adórnelo con cilantro picado. Si lo desea, sírvalo con yogur de coco o soja y con queso vegano rallado.

TAJÍN DE BERENJENA
CON CILANTRO Y MENTA

- 2 cucharadas de aceite de oliva
- 1 cebolla bien picada
- 2 o 3 dientes de ajo bien picados
- 2 guindillas rojas sin las semillas y bien picadas
- 2 cucharaditas de semillas de cilantro
- 2 cucharaditas de semillas de comino
- 2 cucharaditas de azúcar
- 1 o 2 cucharaditas de fenogreco molido
- 8 berenjenas pequeñas con los tallos
- 800 g de tomate troceado en conserva
- 1 manojo de hojas de menta troceadas
- 1 manojo de cilantro troceado
- sal marina y pimienta negra recién molida

PARA 4 RACIONES

Esta es una manera exquisita de cocinar berenjenas pequeñas, que se venden en tiendas de productos del Oriente Próximo, el norte de África y Asia. Si no las encuentra, también puede utilizar berenjenas finas cortadas en cuatro trozos. Sirva este plato con cuscús normal o a las hierbas.

Caliente el aceite en la base de un tajín o en un cazo de base gruesa. Eche la cebolla, el ajo, la guindilla, el cilantro, el comino y el azúcar, y sofríalo 2 o 3 minutos, hasta que la cebolla empiece a dorarse.

Incorpore el fenogreco y las berenjenas, haciéndolas rodar en la mezcla de cebolla y especias. Añada el tomate, deje que borbotee, ponga la tapa del tajín y cuézalo a fuego lento unos 40 minutos, hasta que las berenjenas estén muy tiernas.

Salpimiéntelo e incorpore casi toda la menta y casi todo el cilantro. Vuelva a poner la tapa y cuézalo a fuego medio otros 5 minutos. Adórnelo con la menta y el cilantro restantes y sírvalo enseguida.

TAJÍN DE PATATA E HINOJO ASADOS
CON ZUMAQUE Y VINAGRE BALSÁMICO

- 2 cucharadas de aceite de oliva
- 2 cebollas partidas por la mitad a lo largo y cortadas en láminas siguiendo la dirección de la fibra
- 2 bulbos de hinojo limpios sin pelar y cortados en rodajas finas (reserve las hojas para adornar)
- 4-6 dientes de ajo sin pelar majados
- 500 g de patatas nuevas sin pelar, hervidas 5 minutos y cortadas en rodajas (o aproveche patatas cocidas que le hayan sobrado)
- 2 o 3 cucharadas de vinagre balsámico
- 1 o 2 cucharaditas de zumaque
- 1 manojito de perejil troceado
- sal marina y pimienta negra recién molida

PARA 4 RACIONES

Un tajín es ideal para preparar recetas en las que se cuecen todos los ingredientes en un mismo recipiente. Rebosante de cebolla y ajo y, a veces, algunas hierbas y especias, este plato es muy versátil en cuanto a los ingredientes que puede incluir. Este tajín asado queda delicioso servido con una ensalada fresca de tomate o algún cítrico.

Precaliente el horno a 200 °C (180 °C si es de aire).

Caliente el aceite en la base de un tajín, en una cazuela de hierro fundido de base gruesa o en una olla de hierro, incorpore la cebolla y sofríala 3 o 4 minutos, hasta que empiece a ablandarse y dorarse. Agregue el hinojo y los ajos, y cuézalo durante 2 o 3 minutos más. Eche la patata y salpiméntelo.

Meta el tajín en el horno precalentado y, sin taparlo, cuézalo de 35 a 40 minutos, hasta que la patata esté dorada y ligeramente tostada.

Incorpore el vinagre balsámico, esparza el zumaque, el perejil y las hojas de hinojo por encima y sírvalo.

ESTOFADO DE CALABACINES PEQUEÑOS
CON FLORES DE CALABACÍN Y LIMÓN

- 2 cucharadas de aceite de oliva o de argán
- 2 cucharaditas de semillas de cilantro
- 2 dientes de ajo bien picados
- 1 cebolla bien picada
- 12 calabacines pequeños despuntados
- 1 limón en conserva (*véase* abajo) en rodajas finas
- el zumo recién exprimido de 2 limones
- 4-8 flores de calabacín enteras limpias
- 1 cucharada de agua de azahar
- sal marina y pimienta negra recién molida
- unas hojas de menta en tiras finas, para adornar

PARA 4 RACIONES

Este estofado, una magnífica receta de primavera o principios de verano, está hecho con calabacines pequeños y las bonitas flores amarillas de su planta. Es ligero, sabe a limón y se puede servir como primer plato, a modo de ensalada o con un poco de pan crujiente.

Caliente el aceite en la base del tajín o en un cazo de base gruesa, eche las semillas de cilantro, el ajo y la cebolla y fríalos 1 o 2 minutos. Agregue los calabacines, imprégnelos bien de cebolla y ajo, y luego eche el limón en conserva y el zumo. Ponga la tapa del tajín y déjelo cocer a fuego lento de 10 a 15 minutos, hasta que los calabacines estén tiernos pero firmes.

Salpiméntelo y añada las flores de calabacín y el agua de azahar. Vuelva a poner la tapa y déjelo cocer a fuego lento 4 o 5 minutos, hasta que las flores se hayan ablandado por el vapor.

Adórnelo con las hojas de menta y sírvalo caliente o a temperatura ambiente.

LIMONES EN CONSERVA

- 10 limones de cultivo biológico, sin encerar, más el zumo de 3 o 4 limones
- unas 10 cucharadas de sal marina
- 1 tarro grande esterilizado

PARA 1 TARRO GRANDE

Lave y seque los limones y recorte un extremo de cada uno. Colóquelos sobre el extremo recortado y córtelos verticalmente por el medio en los dos sentidos a lo largo de tres cuartas partes de cada uno, como si fuera a cortarlos en cuartos pero dejando la base intacta. Inserte 1 cucharada de sal en cada limón y métalos en el tarro preparado. Guarde el tarro de limones en un lugar fresco 3 o 4 días para que la piel se ablande.

Transcurrido este tiempo, presione los limones hacia el fondo del tarro para que queden más comprimidos. Vierta el zumo de limón por encima de los limones salados hasta que queden completamente recubiertos. Cierre bien el tarro y guárdelo en un lugar fresco al menos un mes.

A la hora de emplearlos, enjuague la sal de los limones y séquelos con papel de cocina, Con un cuchillo pequeño afilado, córtelos en cuartos a lo largo y retire la pulpa y las membranas hasta quedarse solo con la piel. Pique o corte la piel según las indicaciones de la receta.

ESTOFADO GRIEGO DE HORTALIZAS VERANIEGAS CON LIMÓN Y ACEITUNAS

- 2 cucharadas de aceite de oliva
- 1 cebolla picada
- 500 g de patatas nuevas pequeñas (rojas, si fuera posible) en dados
- 350 g de calabacines partidos por la mitad, después en cuartos a lo largo y luego en trozos gruesos
- 3 dientes de ajo en láminas
- ¼ de cucharadita de pimentón dulce
- ¼ de cucharadita de cayena molida
- 800 g de tomate troceado en conserva
- las hojas de 1 manojito de perejil bien picadas
- las ramitas de 1 manojito de eneldo bien picadas
- 250 g de judías verdes redondas partidas por la mitad
- 100 g de aceitunas verdes deshuesadas
- el zumo recién exprimido de ½ limón
- sal marina y pimienta negra recién molida
- pan de pita, para servir

PARA 4-6 RACIONES

Para esta receta pueden utilizarse aceitunas de cualquier tipo, pero las ideales son las marinadas en semillas enteras de cilantro. Ya que se trata de un estofado veraniego, lo mejor es comerlo templado o a temperatura ambiente. Sírvalo con pan de pita y una ensalada de lechuga romana aliñada con aceite de oliva virgen extra y zumo de limón.

Caliente el aceite en una cazuela grande o una olla. Sofría la cebolla a fuego lento de 3 a 5 minutos, hasta que se ablande. Eche la patata, el calabacín, el ajo, el pimentón, la cayena y 1 pizca de sal, y cuézalo 1 minuto, removiendo para impregnarlo todo de aceite.

Añada el tomate, el perejil y la mitad del eneldo. Remueva para mezclarlo todo bien y vierta un poco de agua para aclararlo; unos 125 ml deberían ser suficientes. Sazónelo bien, tápelo y déjelo hervir a fuego lento 30 minutos.

Agregue las judías verdes, tápelo y prosiga con la cocción unos 20 minutos más, hasta que las judías estén tiernas. Incorpore las aceitunas, el zumo de limón y el eneldo restante. Pruébelo y, si fuera necesario, rectifique la sazón. Sírvalo a temperatura ambiente con una sencilla ensalada y abundante pan de pita.

LEGUMBRES

ENSALADA DE PATATAS CON HARISSA Y LENTEJAS

- 100 g de lentejas de Puy o pardinas
- 2 cucharadas de aceite de oliva virgen extra
- 1 cucharadita de zumo recién exprimido de limón
- 400 g de patatas mantecosas peladas y en daditos
- 1 cebolla roja bien picada
- 1 o 2 cucharaditas de harissa
- sal marina y pimienta negra recién molida
- aceite de girasol, para freír
- hojas de cilantro recién picadas, para adornar

PARA 4 RACIONES

La combinación de patatas fritas crujientes y sutilmente picantes con lentejas tiernas convierte este receta en un plato saciante y rápido de hacer, perfecto para disfrutar entre semana después de un día duro.

Enjuague las lentejas, escúrralas y póngalas en una cazuela grande. Cúbralas generosamente con agua y llévelo a ebullición. Baje el fuego, déjelo hervir a fuego lento 20 minutos, hasta que las lentejas estén tiernas pero firmes, y escúrralas.

Aliñe las lentejas con el aceite de oliva y el zumo de limón, y sazónelas bien con sal y pimienta negra recién molida. Páselas a una fuente de servicio.

Cubra el fondo de la cazuela que ha utilizado para cocer las lentejas con aceite de girasol y caliéntelo a temperatura media. Eche los dados de patata y fríalos, removiendo de vez en cuando, hasta que se doren de modo uniforme.

Añada la cebolla y fríala 2 o 3 minutos, hasta que se ablande. Incorpore la harissa, impregnando bien la patata, y fríalo unos 2 minutos sin dejar de remover.

Mezcle las patatas fritas con harissa y las lentejas, esparza las hojas de cilantro por encima y sírvalo.

ESTOFADO CREMOSO DE BONIATO Y ALUBIAS BLANCAS

- 1 cucharada de aceite de oliva
- 1 cebolla en daditos
- 3 dientes de ajo bien picados
- 1 boniato grande pelado y en dados de 1,5 cm
- 2 zanahorias en dados
- 1 cucharada de hojas de romero recién picadas
- 3 hojas de salvia recién picadas
- 270 g de alubias blancas cocidas, escurridas y enjuagadas
- 950 ml de caldo de verduras
- sal marina y pimienta negra recién molida, al gusto
- perejil recién troceado, para adornar

PARA 4-5 RACIONES

Las alubias blancas dan cremosidad a este estofado que, con la aportación del boniato, la salvia y el romero, es como una versión en comida de un agradable jersey. Si emplea alubias en conserva podrá preparar la receta cociendo todos los ingredientes en un mismo recipiente; si las utiliza secas, deberá añadir un paso extra a las instrucciones. Por tanto, esta es una comida magnífica que puede hacer si va justo de tiempo.

En una cazuela grande, caliente el aceite a temperatura media. Eche la cebolla y rehóguela 5 minutos, removiendo de vez en cuando, hasta que esté blanda. Añada el ajo y siga rehogando 1 minuto más. Incorpore el boniato, la zanahoria, el romero y la salvia. Sazónelo bien con sal y cuézalo 2 o 3 minutos más, hasta que las hierbas desprendan aroma.

Eche las alubias y el caldo, y llévelo a ebullición. Ponga la tapa y déjelo cocer a fuego bajo-medio 20 minutos, hasta que el boniato esté tierno. Destápelo, remuévalo y déjelo hervir a fuego lento unos últimos 5 minutos. Chafe algunas alubias contra la pared de la cazuela con una cuchara de madera para que el almidón espese el estofado.

Repártalo en cuencos con un cucharón y sírvalo adornado con perejil picado y pimienta negra recién molida.

Nota. Si quiere añadir el paso (y recipiente) extra a la receta, necesitará 170 g de alubias blancas secas en lugar de las cocidas en conserva. Déjelas en remojo en agua fría toda la noche o al menos 8 horas. Cuando vaya a cocerlas, escúrralas, deseche el agua del remojo, páselas a una cazuela y cúbralas con agua. Llévelo a ebullición, añadiendo 1 pizca de sal y alguna hierba fresca que tenga a mano (como unas ramas de tomillo, hojas de salvia, tallos de perejil, etc.). Déjelo hervir a fuego lento de 30 a 40 minutos o hasta que las alubias estén tiernas. El tiempo de cocción dependerá de las alubias, de las horas que han estado en remojo y del tiempo que tengan. Escúrralas y utilícelas como indica la receta.

COLIFLOR CON CALABAZA Y GARBANZOS

- 2 cucharadas de aceite neutro
- 2 cebollas rojas en rodajas
- 4 dientes de ajo majados
- 1 trozo de 4 cm de jengibre y 1 de cúrcuma rallados
- 4 vainas de cardamomo ligeramente majadas
- 1 tallo de limoncillo ligeramente majado
- 2 guindillas ojo de pájaro partidas por la mitad
- 2 cucharaditas de garam masala
- 1 cucharadita de comino molido
- 500 g de calabaza vinatera pelada, sin las pipas y en dados de 1 cm
- 4 minicoliflores o 500 g de coliflor separada en ramitos
- 2 ramas de hojas de curry
- 400 g de garbanzos cocidos, escurridos y enjuagados
- 400 g de tomate troceado en conserva
- 1 lata de 400 ml de leche de coco
- 10 g de hojas de cilantro
- el zumo recién exprimido de ½ lima, y algunas cuñas para servir
- sal marina y pimienta negra recién molida
- arroz integral cocido o panes naan veganos, para servir

PARA 4 RACIONES

Este es el plato perfecto para comer entre semana si necesita recargar pilas. Facilísimo, riquísimo y bueno para el cuerpo y el alma.

Ponga el aceite y la cebolla en un cazo ancho y hondo, tápelo y cuézalo a fuego lento 5 minutos, removiendo de vez en cuando.

Eche los ajos, el jengibre, la cúrcuma, las vainas de cardamomo, el limoncillo, las guindillas, el garam masala y el comino, así como 1 chorrito de agua para evitar que se seque, y cuézalo 1 minuto.

Agregue la calabaza y las minicoliflores o los ramitos de coliflor, así como las hojas de curry, los garbanzos y el tomate. Vierta la leche de coco y salpimiente un poco. Mézclelo todo bien, llévelo a ebullición, baje el fuego y ponga la tapa.

Déjelo cocer de 20 a 25 minutos, hasta que las hortalizas estén bien hechas y la salsa se haya espesado. Si se secara demasiado, incorpórele 1 chorrito más de agua.

Añada el cilantro y el zumo de lima, y sírvalo con arroz integral o panes naan veganos y cuñas de lima.

GARBANZOS CON ACELGAS Y PATATA

- 2 cucharadas de aceite de oliva
- 1 cebolla picada
- 1 rama de apio en rodajitas
- 1 pimiento rojo sin las semillas y en tiras
- 1 cucharadita de pimentón dulce ahumado
- 1 chorrito de vino blanco seco
- 300 g de patatas mantecosas en cuartos
- 400 ml de caldo de verduras
- 400 g de garbanzos cocidos, escurridos y enjuagados
- 200 g de acelgas o espinacas en tiras
- 1 cucharada de limón en conserva picado (*véase* la página 80), si lo desea
- sal marina y pimienta negra recién molida

PARA 4 RACIONES

Esta es una comida casera y nutritiva. Las patatas absorben el caldo y se vuelven gustosas y tiernas, lo que contrasta bien con el sabor a frutos secos de los garbanzos y con las acelgas.

Caliente el aceite en una sartén. Eche la cebolla y rehóguela a fuego bajo 5 minutos, removiendo a menudo. Añada el apio y el pimiento, y cuézalo 3 minutos más.

Espolvoréelo con el pimentón y vierta el vino. Cuézalo brevemente, removiendo, y agregue la patata y el caldo. Salpimiéntelo.

Llévelo a ebullición, ponga la tapa, baje el fuego y déjelo hervir

a fuego lento unos 10 minutos. Añada los garbanzos y cuézalo otros 10 minutos, hasta que la patata esté tierna.

Eche la acelgas o las espinacas y mézclelo todo bien. Tápelo y cuézalo 5 minutos, hasta que las acelgas estén blandas y tiernas. Incorpore el limón en conserva, si lo desea, y sírvalo enseguida.

LENTEJAS PICANTES AL ESTILO MARROQUÍ

- aceite de oliva, para freír
- 1 cebolla roja pequeña bien picada
- 1 pimiento amarillo sin las semillas y en daditos
- 2 cucharadas de concentrado de tomate
- 2 cucharaditas de pimentón dulce ahumado
- 1 cucharadita de comino molido
- $\frac{1}{2}$ cucharadita de cilantro molido
- 2 dientes de ajo bien picados
- 800 g de tomate en conserva, triturado o troceado en su jugo
- 1 pizca de hebras de azafrán (opcional)
- 160 g de lentejas negras o de Puy, remojadas 1 hora o toda la noche, escurridas y cocidas (*véase* la nota de la derecha)
- 1 puñado grande de espinacas tiernas troceadas
- 1 cucharada de harissa
- 1 cucharada de sirope de agave
- sal marina, al gusto

PARA SERVIR
- perejil o cilantro recién picados
- panes planos, naan o de pita veganos tostados

PARA 4-5 RACIONES

Este plato hecho a base de tomate y rico en especias es tan fácil que puede prepararlo cualquier noche de la semana; además, si le sobra, puede convertirlo en una deliciosa comida para el día siguiente. Pruebe a servirlo con pan de pita templado.

Caliente una fina capa de aceite a temperatura media en una sartén grande de lados altos y con tapa, una cazuela de hierro fundido o una olla de hierro. Ponga la cebolla y el pimiento, sazone con sal y rehóguelo de 4 a 6 minutos, hasta que la cebolla esté traslúcida.

Incorpore el concentrado de tomate y cuézalo 1 minuto. Eche las especias y el ajo, y rehóguelo todo 30 segundos más. Añada el tomate y, si lo desea, el azafrán. Ponga la tapa y déjelo hervir a temperatura media-baja 15 minutos.

Agregue las lentejas cocidas y escurridas, y cuézalo, sin tapar, otros 10 minutos, hasta que el líquido se haya reducido un poco.

Incorpore las espinacas y deje que se ablanden. Apártelo del fuego y eche la harissa y el sirope de agave. Sírvalo templado con hierbas recién picadas y pan de pita para mojar en la salsa.

Nota. Para cocer las lentejas, póngalas en una cazuela con 710 ml de agua y 1 pizca de sal. Llévelo a ebullición, baje el fuego a temperatura media-baja, tápelo y cuézalo de 18 a 20 minutos. Deben quedar al dente, es decir, bastante firmes. Una vez estén cocidas, escúrralas en un colador. Otra opción aún más sencilla es comprar lentejas cocidas en conserva.

CHILI DE ALUBIAS NEGRAS Y CALABAZA

- aceite de oliva o de aguacate, para freír
- 1 cebolla en dados
- 375 g de calabaza vinatera pelada y en daditos de 1,5 cm
- 2 cucharadas de concentrado de tomate
- 1 diente de ajo grande bien picado
- 3 cucharaditas de comino molido
- 2 cucharaditas de pimentón ahumado
- 1/4 de cucharadita de canela molida
- 1/4 de cucharadita de cayena molida
- 400 g de tomate en conserva, triturado o troceado en su jugo
- 800 g de alubias negras cocidas con su jugo
- sal marina, al gusto

PARA SERVIR (OPCIONAL)

- aguacate en dados o salsa de aguacate (*véase* a la derecha)
- nata agria vegana
- cebolleta grande picada
- nachos

PARA 4-6 RACIONES

La calabaza y las alubias negras hacen de esta receta una comida sustanciosa y saciante. Es ideal para preparar el domingo y utilizar en varias comidas durante la semana. Los sabores se intensifican si la deja reposar, así que sabe aún mejor al día siguiente.

En una cazuela grande con tapa, eche suficiente aceite para cubrir el fondo y caliéntelo a temperatura media.

Ponga la cebolla, sazone con sal y rehóguela unos 5 minutos, hasta que esté traslúcida. Añada la calabaza y cuézala 5 minutos, removiendo de vez en cuando.

Incorpore el concentrado de tomate y cuézalo 1 minuto. Eche el ajo, el comino, el pimentón, la canela y la cayena, y cuézalo 1 minuto más. Agregue el tomate y las alubias, incluido el líquido de cocción. Sazone con sal y baje el fuego a temperatura media-baja.

Tápelo y cuézalo unos 30 minutos, removiendo de vez en cuando, hasta que la calabaza esté tierna. Si prefiere un chili menos seco o espeso, vierta 120 ml más de agua. Sírvalo con los ingredientes que desee.

SALSA DE AGUACATE

- 1 aguacate pelado y deshuesado
- el zumo recién exprimido de 1/2 limón o lima
- 1 puñadito de hojas de cilantro
- sal marina, al gusto

PARA 175-235 ML

Ponga el aguacate, el zumo de limón o de lima, las hojas de cilantro y 1 buena pizca de sal marina en el robot de cocina o la batidora. Tritúrelo todo hasta obtener un puré homogéneo.

Vaya añadiendo 1 cucharada de agua y triturando hasta que la salsa adquiera la consistencia deseada: debe quedar fluida, pero lo suficientemente espesa como para poder mojar algo. Pruébela y, si lo desea, incorpórele más sal marina.

LENTEJAS Y TUBÉRCULOS AL HORNO

- 1 cebolla en rodajas
- 2 dientes de ajo pelados y picados
- 4 cucharadas de aceite de oliva
- 2 cucharadas de mezcla de especias berbere (*véase* abajo)
- 2 zanahorias grandes
- 1 boniato grande (de unos 250 g) pelado y en trozos de un bocado
- 400 g de tomate troceado en conserva
- 1 trozo de jengibre de 4 cm rallado
- 450 g de tomate tamizado
- 800 ml de caldo de verduras con mucho sabor
- 2 cucharadas de kétchup de buena calidad
- 150 g de lentejas rojas secas enjuagadas
- 1 buen manojo de hojas de espinacas tiernas
- 1 manojo de perejil recién picado
- aceite de guindilla, para servir (opcional)

PARA·4 RACIONES

Estas lentejas de inspiración etíope son una magnífica opción para cuando le apetezca algo rápido y saciante, pero lleno de sabor. No tenga reparos a la hora de añadir kétchup a platos que lleven tomate; si es de buena calidad, devuelve el dulzor del que suele carecer el tomate en conserva.

Precaliente el horno a 190 °C (170 °C si es de aire). Esparza la cebolla en una bandeja refractaria. Añada el ajo, rocíelo todo con el aceite y esparza la mezcla de especias berbere. Remuévalo bien para que la cebolla y el ajo se impregnen de las especias y áselos 10 minutos.

Corte las zanahorias en trozos triangulares. Saque la bandeja del horno e incorpore la zanahoria y el boniato. Agregue el tomate troceado y el jengibre. Eche el tomate tamizado, el caldo y el kétchup. Añada las lentejas, cúbralo con papel de aluminio y cuézalo de 30 a 35 minutos, hasta que las hortalizas estén tiernas y la salsa se haya espesado.

Añada las espinacas y la mitad del perejil, y cuézalo 3 o 4 minutos más en el horno. Sírvalo con el perejil restante esparcido por encima y, si lo desea, 1 chorrito de aceite a la guindilla.

MEZCLA DE ESPECIAS BERBERE

- 2 cucharadas de copos de guindilla roja seca
- 1½ cucharaditas de sal marina en escamas, 1½ de pimienta negra molida gruesa, 1½ de comino molido y 1½ de semillas de cilantro
- ½ cucharadita de fenogreco en polvo
- ½ cucharadita de jengibre molido
- $^1/_3$ de cucharadita de pimienta de Jamaica
- $^1/_3$ de cucharadita de clavo molido
- $^1/_3$ de cucharadita de nuez moscada molida
- las semillas de 2 vainas de cardamomo verde

PARA UNOS 75 G

Machaque todos los ingredientes en el mortero hasta obtener un polvo que tenga un poco de textura. Guárdelo en un recipiente hermético.

AZUKIS
CON AMARANTO

- 200 g de azukis secos
- 180 g de calabaza Hokkaido o kabocha pelada, sin las pipas y en dados
- 70 g de amaranto
- 2 cucharadas de salsa de soja
- ½ cucharada de vinagre de umeboshi
- ½ cucharadita de cúrcuma molida
- ½ cucharadita de sal marina

PARA 2-3 RACIONES

Este plato tan nutritivo se hace con unos pocos ingredientes. Es sabroso y cremoso y presenta un toque de dulzor.

Ponga los azukis en un cazo, cúbralos con 1 litro de agua y déjelos en remojo toda la noche (este paso no es necesario, pero reducirá el tiempo de cocción). Llévelos a ebullición en el agua del remojo, eche la calabaza y cuézalo, medio tapado, a fuego bajo unos 30 minutos, hasta que los azukis estén medio hechos.

Añada el amaranto y cuézalo de 20 a 30 minutos más, hasta que los azukis y el amaranto estén tiernos. Sazónelo con los ingredientes restantes y, si le parece demasiado espeso, incorpore agua caliente.

RAGÚ DE COLIFLOR, HORTALIZAS Y ALUBIAS

- 2 cebollas en dados
- 2 zanahorias en dados
- 2 ramas de apio en dados
- 2 coliflores separadas en ramitos
- 1 berenjena grande en dados
- 2 cucharadas de aceite de oliva
- unas ramitas de tomillo, romero y salvia
- 2 hojas de laurel
- 100 ml de vino tinto vegano
- 2 latas de 400 g de tomates pera de buena calidad
- 400 g de alubias blancas cocidas, escurridas y enjuagadas
- sal marina y pimienta negra recién molida

PARA 2,5 KG

Esta receta se convertirá en su ragú de tomate preferido. Mantenga una tanda en el congelador y siempre lo tendrá listo para añadirlo a un chili o un plato de pasta, o servirlo a modo de alubias estofadas.

Ponga la cebolla, la zanahoria, el apio, la coliflor y la berenjena en una cazuela grande de hierro fundido que pueda ir al horno, o en una olla de hierro, y añada el aceite. Cuézalo a temperatura media 20 minutos, o hasta que se ablande, removiendo a menudo porque las hortalizas se pegan con facilidad.

Ate las ramas de hierbas y las hojas de laurel con bramante o hilo de cocina para crear un ramillete y échelo en la cazuela. Transcurridos unos minutos, vierta el vino, espere a que borbotee y déjelo cocer de 3 a 5 minutos.

Incorpore los tomates, rompiéndolos con el dorso de una cuchara de madera, y luego agregue 2 latas de agua. Cuézalo 30 minutos y agregue las alubias. Déjelo cocer 30 minutos más, o hasta que se haya espesado y reducido, removiendo y chafando los ingredientes de vez en cuando con un chafapatatas; si quedara demasiado espeso, añada chorritos de agua.

Salpiméntelo al gusto y sírvalo.

Fotografía de la receta en la página 102.

BONIATO, ESPINACAS Y GARBANZOS
CON COCO

- 1 cucharada de aceite vegetal
- 1 cebolla partida por la mitad y luego en láminas
- 1 trozo de jengibre de 30 g pelado y rallada
- 1 o 2 guindillas rojas partidas por la mitad y en trocitos
- 1 cucharadita de curry en polvo
- 1 cucharadita de comino molido
- 1,3 kg de boniatos pelados y dados
- 1 lata de 400 ml de leche de coco
- 450 ml de caldo de verduras
- 400 g de garbanzos cocidos, escurridos y enjuagados
- 225 g de hojas de espinacas tiernas lavadas
- sal marina
- arroz jazmín, para servir

PARA 4-6 RACIONES

Esta receta, que está a medio camino entre un estofado y una sopa, queda deliciosa servida con un aromático arroz jazmín. Si le gusta la comida picante, agréguele dos guindillas con sus semillas. Si no es el caso, use solo una y sin las semillas; quedará suave y los toques de rojo quedarán bonitos con el color anaranjado del plato.

Caliente el aceite en una cazuela grande o una olla. Eche la cebolla y rehóguela a fuego bajo de 3 a 5 minutos, hasta que se ablande. Agregue el jengibre, las guindillas, el curry, el comino y 1 pizca de sal. Cuézalo 1 o 2 minutos, removiendo, hasta que desprenda aroma.

Añada el boniato y remueva para impregnarlo bien de especias. Vierta la leche de coco, el caldo y, si fuera necesario, agua suficiente para cubrir el boniato; la mezcla debe quedar caldosa, ya que se reducirá durante la cocción. Llévelo a ebullición, baje el fuego y déjelo cocer 15 minutos sin tapar.

Agregue los garbanzos y prosiga con la cocción de 15 a 20 minutos más, hasta que el boniato esté tierno.

Eche las espinacas en tandas, removiendo para incorporarlas y esperando a que se ablanden antes de añadir la siguiente tanda. Pruébelo y, si fuera necesario, rectifique la sazón. Sírvalo enseguida con arroz jazmín.

ARROCES Y OTROS CEREALES

LAAP DE COLIFLOR CON ARROZ CON COCO Y LECHUGA

- 30 g de virutas de coco
- 3 cucharadas de aceite vegetal
- 1 coliflor grande bien picada
- 1 tallo de limoncillo pelado y bien picado
- 4 hojas de lima kaffir frescas en tiras finas
- 3 guindillas tailandesas verdes bien picadas
- 4 cucharadas de salsa de soja
- el zumo recién exprimido de 1 lima
- 5 cebolletas en rodajitas
- 10 g de hojas de cilantro picadas
- 10 g de hojas de menta picadas
- sal marina

PARA SERVIR
- hojas de lechuga
- arroz jazmín cocido
- albahaca morada (opcional)

PARA 4 RACIONES

El laap es un sabroso plato del norte de Tailandia que normalmente se hace con carne y se sirve a modo de ensalada con arroz y crujientes hojas de lechuga. Esta versión aromática, dulce y ácida se prepara con coliflor.

Caliente un wok o una sartén grande de base gruesa a temperatura media-alta. Eche el coco y tuéstelo 2 minutos, removiendo, hasta que esté bien dorado. Apártelo del calor. Páselo al recipiente del robot de cocina y tritúrelo hasta que esté bien molido. Resérvelo.

Caliente el aceite en el mismo wok o sartén a temperatura alta. Agregue la coliflor, el limoncillo, las hojas de lima, la guindilla, la salsa de soja y el zumo de lima, y cuézalo todo unos 5 minutos, removiendo de vez en cuando, hasta que la coliflor cambie de color. Échelo todo en un bol refractario y espere 15 minutos a que se enfríe.

Incorpore la cebolleta, el cilantro y la menta a la mezcla de coliflor. Sazónelo con sal. Sírvalo con las hojas de lechuga y el arroz jazmín mezclado con el coco tostado molido. Si lo desea, adórnelo con albahaca morada.

KITCHARI VERDE

- 180 g de lentejas o guisantes partidos amarillos secos
- 90 g de arroz integral de grano largo o arroz jazmín
- 2 o 3 cucharadas de aceite de coco
- 1 cucharada de jengibre recién rallado
- 2 cucharaditas de comino molido
- 1 cucharadita de cilantro molido
- 1 cucharadita de semillas de hinojo
- 1 cucharadita de fenogreco molido
- 1 cucharadita de cúrcuma molida
- 1,2 litros de agua o de caldo de verduras
- 1 brócoli picado de manera que adquiera una textura parecida al arroz
- 1 calabacín mediano despuntado y rallado grueso
- 60 g de espinacas o col rizada tiernas troceadas
- sal marina

PARA SERVIR
- cilantro recién picado
- salsa de yogur al ajo (*véase* a la derecha), si lo desea

PARA 4–6 RACIONES

El kitchari es una combinación sencilla de arroz, lentejas o guisantes partidos y especias, pero el resultado es un plato saludable y muy reconfortante parecido a un risotto con especias indias.

Enjuague las lentejas o los guisantes y el arroz en un colador bajo el chorro de agua fría hasta que esta salga clara.

Caliente suficiente aceite de coco para cubrir el fondo de una cazuela grande a temperatura media-alta. Eche el jengibre y sofríalo 30 segundos sin dejar de remover. Agregue las especias, sazone con sal y cuézalo otros 30 segundos, hasta que desprendan aroma.

Añada las lentejas y el arroz, y remueva para impregnarlos bien de especias. Vierta el agua o el caldo y llévelo a ebullición.

Baje el fuego a temperatura media-baja, ponga la tapa y déjelo hervir a fuego lento de 35 a 45 minutos, removiendo de vez en cuando, hasta que el arroz y las lentejas estén tiernos pero firmes y hayan absorbido casi todo el líquido. (Si la mezcla se secara demasiado, añada un poco más de líquido.)

Incorpore el brócoli. Tápelo y cuézalo 4 o 5 minutos. Añada el calabacín y las espinacas o la col, apártelo del fuego y déjelo reposar 5 minutos. Sírvalo templado con cilantro troceado esparcido por encima y, si lo desea, salsa de yogur al ajo.

SALSA DE YOGUR AL AJO

- 215 g de yogur natural vegano sin endulzar
- 1 diente de ajo bien rallado
- $1/4$ de cucharadita de sal
- pimienta negra, al gusto
- 1 cucharada de aceite de oliva, y un poco más para servir

PARA UNOS 235 ML

En un cuenco, mezcle todos los ingredientes de la salsa con un tenedor. Si lo desea, sírvala con más aceite de oliva y pimienta negra recién molida.

ARROZ CON HABAS Y ALCACHOFAS

- 4 alcachofas medianas partidas por la mitad o en cuartos
- 1 limón partido por la mitad
- 4 cucharadas de aceite de oliva virgen extra
- 2 hojas de laurel majadas
- 4 dientes de ajo majados
- 1 cebolla bien picada
- 1,2 litros de caldo de verduras caliente
- 250 g de habas desvainadas y peladas
- 350 g de arroz bomba, de Calasparra o arborio
- 2 cucharadas de menta recién picada
- sal marina y pimienta negra recién molida
- alioli o alioli al azafrán veganos, para servir

PARA 4 RACIONES

Lo ideal es preparar esta receta con alcachofas frescas. Aunque la menta recién picada y el alioli vegano puedan parecer una combinación inusual para un arroz, funciona.

Primero prepare las alcachofas. Deje solo unos 2 cm del tallo y recorte las hojas de manera que midan unos 3 o 4 cm. Retire y deseche las hojas duras para dejar solo el centro redondeado. En el interior verá una pelusilla: extráigala con una cuchara y deséchela. Corte las alcachofas por la mitad y póngalas en un bol lleno de agua fría. Exprima el zumo de las dos mitades de limón en el bol y meta también las mitades exprimidas.

Caliente el aceite en una paella de 35 cm de diámetro (o en una cazuela poco honda de hierro fundido que pueda ir al horno) y agregue las hojas de laurel. Sofríalas a fuego suave 30 segundos, hasta que desprendan aroma, y luego incorpore los ajos, la cebolla y un poco de sal y pimienta. Baje el fuego y cuézalo 20 minutos, hasta que la cebolla se haya caramelizado. Añada los trozos de alcachofa y el caldo, llévelo a ebullición y déjelo hervir a fuego lento 10 minutos.

Incorpore las habas, el arroz y la menta, y déjelo cocer todo a fuego lento 20 minutos, hasta que el arroz esté el dente y haya absorbido el líquido. Déjelo reposar 10 minutos y sírvalo con un cuenco de alioli.

Sugerencia. Para hacer raciones individuales, siga las instrucciones hasta que haya añadido la menta. Mézclelo todo bien y divídalo entre 4 paellas individuales. Métalas en el horno precalentado a 200 °C (180 °C si es de aire) y cuézalas unos 20 minutos, hasta que el arroz esté hecho.

ARROZ CON HORTALIZAS

- 25 g de almendras escaldadas tostadas
- 4 cucharadas de perejil troceado
- 4 dientes de ajo
- 6 cucharadas de aceite de oliva virgen extra
- 750 g de hortalizas *baby*, como zanahorias, nabos, bulbos de hinojo, calabacines y judías verdes
- 1 litro de caldo de verduras caliente
- 150 g de guisantes frescos o descongelados
- 1 puerro grande limpio y en rodajas
- 1 pimiento verde sin las semillas y bien picado
- 1 tomate pera pelado y bien picado
- 2 cucharaditas de pimentón dulce
- 1/4 de cucharadita de hebras de azafrán molidas
- 350 g de arroz bomba, de Calasparra o arborio
- sal marina y pimienta negra recién molida
- flores de calabacín en tiras, para adornar (opcional)

PARA 4-6 RACIONES

Si busca una receta en la que todos los ingredientes se cuezan en un mismo recipiente, los arroces son perfectos. Este lleva una salsa parecida al pesto hecha con almendra molida, ajo y perejil. Se le ha añadido una selección de hortalizas *baby*, pero puede utilizar las que quiera.

En el mortero o el robot de cocina, triture las almendras tostadas junto con el perejil y 2 dientes de ajo hasta que estén bien molidas. Incorpore 2 cucharadas del aceite. Resérvelo.

Limpie las hortalizas y parta por la mitad las que sean demasiado grandes. Lleve el caldo a ebullición en una paella de 35 cm de diámetro (o en una cazuela poco honda de hierro fundido que pueda ir al horno) y escalde las hortalizas *baby* y los guisantes de 1 a 3 minutos, según el tamaño. Escúrralos, reservando el caldo en una jarra.

Caliente el aceite restante en la misma paella en la que ha escaldado las hortalizas. Maje los ajos restantes y échelos en la paella con el puerro, el pimiento y un poco de sal y pimienta. Rehóguelo todo a fuego bajo 10 minutos, hasta que empiece a dorarse. Añada el tomate, el pimentón y el azafrán, y cuézalo de 8 a 10 minutos más, hasta que la salsa se reduzca y quede melosa.

Eche el arroz y el pesto de perejil, y remueva hasta que el arroz quede bien impregnado. Vierta el caldo reservado, llévelo a ebullición y déjelo cocer a fuego lento 15 minutos. Después, incorpore las hortalizas escaldadas y cuézalo todo de 5 a 8 minutos más, hasta que el arroz esté al dente, el caldo se haya absorbido y las hortalizas estén tiernas. Salpiméntelo. Déjelo reposar 10 minutos antes de servirlo. Si lo desea, adórnelo con flores de calabacín en tiras.

ARROZ CON AZAFRÁN AL ESTILO PERSA
CON PATATAS

- 250 g de arroz basmati
- 1 cucharadita de hebras de azafrán bien molidas o 1 cucharadita de azafrán en polvo
- 2 cucharadas de agua caliente
- 4 cucharadas de aceite de girasol u otro aceite vegetal
- 1 cebolla bien picada
- 200 g de patatas mantecosas peladas y en dados de 1 cm
- 2 cucharadas de bayas de espino secas o pasas
- 1 cucharada de piñones
- 15 g de mantequilla vegana
- 1 cucharadita de canela molida
- sal marina

PARA 6 RACIONES

Con aromáticas especias, este pilaf de arroz basmati de grano largo mezclado con otros ingredientes es un plato elegante y práctico, ideal para servir en una celebración. Si desea preparar una comida inspirada en el Oriente Próximo, sírvalo con kebabs veganos o una ensalada de berenjena asada.

Enjuague el arroz 2 o 3 veces para eliminar el exceso de almidón. Cúbralo con agua fría y déjelo en remojo 45 minutos.

Mezcle el azafrán molido con el agua caliente y déjelo reposar.

Caliente el aceite en un cazo de base gruesa. Eche la cebolla y rehóguela a fuego lento, removiendo de vez en cuando, 5 minutos o hasta que se ablande. Añada la patata, suba el fuego a temperatura media y siga rehogando 8 minutos, removiendo a menudo, hasta que empiece a dorarse. Agregue las bayas de espino o las pasas y los piñones, y fríalos 2 minutos sin dejar de remover.

Eche la mantequilla vegana. Una vez derretida, añada la canela y mézclelo todo bien.

Escurra el arroz, páselo al cazo y remueva bien. Vierta 300 ml de agua y el agua con azafrán, sazone con sal y llévelo a ebullición. Ponga la tapa, baje el fuego y déjelo cocer a fuego muy bajo 15 minutos, hasta que el agua se haya absorbido y el arroz esté tierno. Sírvalo enseguida.

ARROZ CON GUISANTES, HABAS Y JUDÍAS

ACOMPAÑADO DE SALSA VERDE CON MENTA

- 60 ml de aceite de oliva
- 2 dientes de ajo majados
- 2 tomates sin las semillas y bien picados
- 2 cucharaditas de pimentón dulce
- 1/4 de cucharadita de hebras de azafrán
- 350 g de arroz arborio
- 900 ml de caldo de verduras
- 150 g de judías verdes despuntadas y partidas por la mitad
- 150 g de habas desvainadas
- 150 g de guisantes desvainados
- 50 g de aceitunas negras deshuesadas
- sal marina y pimienta negra recién molida
- cuñas de limón y alioli vegano, para servir

SALSA VERDE CON MENTA

- 1 manojo de menta (unos 30 g)
- 1/2 manojo de perejil (unos 15 g)
- 1 diente de ajo picado
- 1 cucharada de alcaparras escurridas y lavadas
- 1 cucharadita de mostaza de Dijon
- 2 cucharaditas de vinagre de vino blanco
- 150 ml de aceite de oliva virgen extra

PARA 4-6 RACIONES

Mezclado con abundantes judías, habas y guisantes y condimentado con una sabrosa salsa verde con menta, este arroz es un plato perfecto para el verano. Es ideal para compartir al aire libre y queda delicioso servido con un alioli hecho con tofu.

Caliente el aceite a fuego medio en una cazuela de hierro fundido o una olla de hierro que puedan ir al horno y con 3 litros de capacidad, eche el ajo y sofríalo 30 segundos, hasta que empiece a ablandarse (no deje que se queme). Agregue el tomate, el pimentón y el azafrán, salpiméntelo un poco y cuézalo unos 5 minutos, hasta que el tomate y el aceite empiecen a separarse.

Esparza el arroz por encima de la mezcla de tomate, remueva para incorporarlo y déjelo cocer 2 minutos. Vierta el caldo, llévelo a ebullición, tape la cazuela y cuézalo a temperatura media-baja 10 minutos. Esparza las judías, las habas y los guisantes por encima del arroz, tape la cazuela y déjelo cocer de 10 a 15 minutos más, hasta que el arroz esté tierno, las hortalizas se hayan cocido y el caldo se haya absorbido.

Mientras tanto, prepare la salsa verde. Ponga todos los ingredientes con un poco de sal y pimienta en el robot de cocina o la batidora. Tritúrelo hasta obtener un pasta homogénea. Rectifique la sazón al gusto.

Retire la cazuela del fuego, esparza las aceitunas por encima, tápelo con un paño de cocina limpio y déjelo reposar 5 minutos. Rocíelo con un poco de la salsa verde y, si lo desea, sírvalo con cuñas de limón y alioli.

ARROZ AL HORNO CON GARBANZOS Y PASAS

- 5 cucharadas de aceite de oliva
- 1 cabeza de ajos recortada pero entera
- 1 cebolla pequeña bien picada
- 1 tomate grande bien picado
- 1 cucharadita de pimentón dulce
- $\frac{1}{2}$ cucharadita de canela molida
- 200 g de garbanzos cocidos escurridos y enjuagados
- 100 g de pasas (oscuras)
- 1 litro de caldo de verduras
- 350 g de arroz bomba, de Calasparra o arborio
- sal marina y pimienta negra recién molida

PARA SERVIR
- perejil recién picado
- alioli o alioli al azafrán veganos, para servir

PARA 4-6 RACIONES

En esta receta se combina arroz con garbanzos y pasas. Mezclar ingredientes salados y dulces es típico de las recetas marroquíes y se presta especialmente bien en este plato de arroz al horno.

Precaliente el horno a 200 °C (180 °C si es de aire). Caliente el aceite en una cazuela de hierro fundido o una olla de hierro que puedan ir al horno. Sofría la cabeza de ajos a fuego medio 5 minutos, hasta que se dore. Añada la cebolla, baje el fuego y rehóguela 10 minutos. Después, eche el tomate, el pimentón y la canela, y cuézalo de 5 a 8 minutos más, hasta que la salsa se haya reducido y espesado bastante. Salpimiéntelo.

Incorpore los garbanzos, las pasas y el caldo, y deje que rompa el hervor. Esparza el arroz por encima, remueva una vez y vuelva a llevarlo a ebullición. Pase la cazuela al horno. Cuézalo unos 25 minutos, hasta que el arroz esté al dente y el caldo se haya absorbido. Sáquelo del horno, déjelo reposar 10 minutos y sírvalo con el alioli.

Consejo. Para hacer un caldo de verduras sabroso, trocee cebollas, zanahorias, puerros, ajos, champiñones y patatas, y póngalos en una olla grande junto con perejil y tomillo troceados, sal y pimienta. Vierta 2 litros de agua, llévelo a ebullición, baje el fuego y déjelo hervir a fuego lento 45 minutos, hasta que el caldo tenga un agradable sabor. Cuélelo y resérvelo.

RISOTTO DE COLIFLOR

- 2 cucharadas de aceite de oliva
- 1 cebolla bien picada
- 250 g de arroz arborio
- 1 buena pizca de hebras de azafrán
- 90 ml de vino blanco seco vegano
- 900 ml de caldo de verduras caliente
- 40 g de queso duro vegano bien rallado, y un poco más para servir
- la ralladura y el zumo recién exprimido de 1 limón
- 1 coliflor (400 g) rallada o triturada en el robot de cocina
- 100 g de hojas de col rizada tierna

PARA 4 RACIONES

Esta receta lleva mitad «arroz» de coliflor y mitad arroz arborio. Mantiene la cremosidad de un risotto tradicional, pero la coliflor aumenta el valor nutricional y reduce los hidratos de carbono.

Derrita el aceite en una cazuela grande a temperatura baja. Eche la cebolla y rehóguela de 10 a 15 minutos, hasta que esté blanda pero sin dejar que se dore.

Suba el fuego a temperatura media, eche el arroz, remueva unos minutos para que todos los granos queden bien impregnados de aceite, añada el azafrán y remueva bien. Vierta el vino y deje que borbotee un par de minutos, removiendo a menudo.

Empiece a echar el caldo caliente a cucharones, removiendo y esperando a que el arroz absorba cada cucharón de caldo antes de echar el siguiente. Siga añadiendo el caldo de este modo poco a poco de 15 a 20 minutos, hasta que el arroz esté bien cocido y el risotto quede cremoso.

Incorpore el queso rallado, la ralladura y el zumo de limón, la coliflor rallada y la col, y cuézalo todo 3 minutos más. Sírvalo con más queso rallado esparcido por encima.

ARROZ ROJO MEXICANO

- 200 g de tomates
- 1 cucharada de aceite vegetal
- ½ cebolla bien picada
- 1 diente de ajo en láminas
- 1 guindilla roja picada
- 200 g de arroz de grano largo enjuagado
- 250 ml de caldo de verduras
- sal marina, al gusto
- 50 g de guisantes congelados (opcional)

PARA 4 RACIONES

A este arroz, los tomates le confieren un delicado dulzor, mientras que las guindillas le añaden un toque picante. Sírvalo como exquisita guarnición con hortalizas asadas y salsa de tomate.

Primero escalde los tomates. Póngalos en un bol refractario y rocíelos con agua hirviendo. Déjelos reposar 1 minuto, escúrralos y pélelos con un cuchillo afilado. Trocéelos, recogiendo el jugo, y resérvelos.

Caliente el aceite a fuego medio en una olla o una cazuela de base gruesa. Eche la cebolla y el ajo, y rehóguelos hasta que se ablanden. Añada la guindilla, rehóguelo 1 minuto más e incorpore el tomate con su jugo. Suba la temperatura, remueva bien y cuézalo hasta que el tomate se haya deshecho y forme una pasta espesa.

Incorpore el arroz y vierta el caldo. Sazónelo con sal, llévelo a ebullición y, si lo desea, agregue los guisantes congelados. Ponga la tapa, baje el fuego y déjelo cocer de 10 a 15 minutos, hasta que el caldo se haya absorbido y el arroz esté bien hecho.

Fotografía de la receta en la página 124.

PLATOS AL HORNO

ENSALADA DE COLIFLOR ASADA

- 1 coliflor cortada en cuñas
- 5 dientes de ajos chafados hasta obtener una pasta
- las hojas de ½ manojo de tomillo
- 3 cucharadas de aceite de oliva
- 1 pizca de copos de guindilla roja seca
- 60 g de alcaparras enjuagadas y escurridas
- 100 g de tomates semisecos
- 200 g de pan de masa madre troceado
- 20 g de hojas de perejil fresco troceadas
- 1 cucharada de reducción de vinagre balsámico, para rociar

PARA 4 RACIONES

Esta sencilla ensalada hecha al horno es perfecta como comida rápida para cualquier mediodía de entre semana, pero también funciona muy bien para servir en una barbacoa o un pícnic.

Precaliente el horno a 200 °C (180 °C si es de aire).

Ponga la coliflor en una bandeja refractaria grande y frótela con el ajo, el tomillo y el aceite de oliva. Cuézala 30 minutos en el horno precalentado.

Sáquela del horno y esparza por encima la guindilla, las alcaparras, los tomates y los trozos de pan. Cuézalo todo otros 20 minutos en el horno, hasta que la coliflor esté dorada.

Sirva la ensalada adornada con el perejil troceado y rociada con la reducción de vinagre balsámico.

NACHOS CON GUARNICIÓN VEGANA

- 250 g de calabaza vinatera en daditos de 1,5 cm
- 1 cucharada de aceite de oliva o de aguacate y ½ cucharadita de chipotle o cayena molidos
- nachos
- 200 g de alubias negras en salsa barbacoa (*véase* abajo), o más si fuera necesario
- sal marina, al gusto

PARA SERVIR
- 115 g de guacamole, y más para servir aparte
- 130 g de pico de gallo (u otra salsa mexicana)
- 50 g de salsa cremosa de chipotle (*véase* abajo)
- 3 cebolletas en rodajitas

PARA 4–6 RACIONES

Las cantidades exactas de los ingredientes que añadirá a los nachos dependerá del tamaño de la bandeja y de su gusto. Con la receta de las alubias negras en salsa barbacoa y la de la salsa cremosa de chipotle se obtiene más cantidad de la que necesitará, pero, por suerte, también quedan estupendas en muchos otros platos, como tacos y ensaladas.

Precaliente el horno a 200 °C (180 °C si es de aire).

Distribuya los dados de calabaza en la bandeja del horno forrada con papel vegetal. Rocíelos con el aceite y espolvoréelos al gusto con chipotle o cayena molidos y con sal. Remuévalo bien para que la calabaza quede bien impregnada de las especias. Ásela en el horno precalentado unos 25 minutos, hasta que esté dorada y tierna. Baje la temperatura del horno a 180 °C (160 °C si es de aire).

En otra bandeja forrada con papel vegetal, esparza nachos generosamente formando una capa fina. Por encima, reparta la calabaza asada y luego las alubias en salsa. Cuézalo unos 10 minutos en el horno precalentado. Sáquelo del horno y, por último, reparta montoncitos de guacamole y pico de gallo u otra salsa mexicana, rocíe un chorrito de salsa cremosa de chipotle y esparza la cebolleta.

Sirva los nachos de inmediato directamente en la bandeja del horno o páselos a un plato grande.

ALUBIAS NEGRAS EN SALSA BARBACOA

- aceite de oliva o de aguacate, para freír
- 1 diente de ajo picado
- 1 cucharadita de pimentón ahumado y ½ de comino molido
- 400 g de alubias negras cocidas con su jugo
- 2 cucharadas de concentrado de tomate y 1 de jarabe de arce puro
- 60-120 ml de caldo de verduras
- sal marina, al gusto

PARA 4 RACIONES

Caliente un poco de aceite a fuego medio-fuerte en una sartén grande honda. Eche el ajo y las especias, y sofríalo 1 minuto sin dejar de remover. Añada las alubias con su jugo y remueva bien. Agregue el concentrado y el jarabe de arce, y sazone con sal. Baje el fuego a temperatura media-baja, tápelo y cuézalo a fuego lento 10 minutos. Si queda seco, vierta un poco de caldo. Apártelo del fuego y déjelo reposar, tapado, 10 minutos antes de servirlo.

SALSA CREMOSA DE CHIPOTLE

- 75 g de tahín bien removido
- 1 chile chipotle en adobo o ½ cucharada de pasta de chipotle
- 1 cucharada de adobo de la lata de chiles (omita este ingrediente si utiliza la pasta)
- 1 cucharada de zumo recién exprimido de lima
- 1 cucharadita de jarabe de arce puro
- ½ cucharadita de sal marina
- 1 diente de ajo pelado

PARA UNOS 235 ML

Ponga todos los ingredientes en el robot de cocina y tritúrelos junto con 75 ml de agua hasta obtener una crema homogénea. Si fuera necesario, añada más agua para que adquiera la consistencia deseada.

CHAMPIÑONES PORTABELLINI
CON ALUBIAS BLANCAS Y ALIÑO DE TAHÍN Y LIMÓN

- 500 g de champiñones portabellini sin los pies
- 100 ml de aceite de oliva virgen extra
- 2 dientes de ajo bien picados
- 1 cucharadita de hojas de tomillo fresco
- 4 buenos puñados de hojas de espinacas tiernas
- 400 g de alubias blancas cocidas, escurridas y enjuagadas

ALIÑO DE TAHÍN Y LIMÓN
- 75 g de tahín
- la ralladura y el zumo de 1 limón
- 2 dientes de ajo rallados

PARA 3-4 RACIONES

Merece la pena utilizar champiñones portabellini porque son extraordinariamente sabrosos. Si no puede encontrarlos, sustitúyalos por champiñones marrones.

Precaliente el horno a 180 °C (160 °C si es de aire).

Ponga los champiñones en la bandeja del horno. Mezcle el aceite con el ajo y el tomillo. Reserve 1 cucharada del aceite aromatizado y vierta el restante por encima de los champiñones. Áselos de 10 a 15 minutos, hasta que estén hechos. Incorpore las espinacas y las alubias, y vierta la cucharada de aceite reservada alrededor de los champiñones.

Vuelva a meterlos en el horno y cuézalos 4 o 5 minutos, hasta que las espinacas empiecen a ablandarse y las alubias estén calientes. Páselo todo a una fuente de servir y riéguelo con el jugo de cocción.

Mezcle todos los ingredientes del aliño con 60-75 ml de agua en un bol y rocíelo por encima de los champiñones antes de servirlos.

CALABAZA VINATERA ASADA CON LENTEJAS Y GRANADA

- 2 calabazas vinateras partidas por la mitad y sin las pipas
- 4 o 5 cucharadas de aceite de oliva
- 1 puñado de hojas de tomillo
- 2 cucharadas de romero bien picado
- 2 puerros grandes limpios y picados
- 300 g de tomates pera enanos
- 400 g de lentejas negras (beluga) cocidas
- sal marina y pimienta negra recién molida

ALIÑO
- 3$\frac{1}{2}$ cucharadas de aceite de oliva
- 3$\frac{1}{2}$ cucharadas de melaza de granada

PARA SERVIR
- 50 g de piñones tostados
- 3 o 4 cucharadas de granos de granada

PARA 4 RACIONES

Al asar la calabaza sin pelarla, la pulpa adquiere una textura fabulosa, mientras que la piel queda increíblemente deliciosa, lista para comer. Combina bien con una ensalada de rúcula.

Precaliente el horno a 190 °C (170 °C si es de aire).

Con la punta de un cuchillo afilado, haga unos cortes superficiales en forma de rombo en toda la pulpa de las calabazas. Rocíelas con parte del aceite, condiméntelas con el tomillo y el romero, póngalas en una bandeja refractaria poco profunda y áselas 15 minutos.

Saque la bandeja del horno y junte las medias calabazas a un lado. Distribuya el puerro y los tomates en el otro lado y rocíelos con el aceite restante. Salpimiente todas las hortalizas, devuelva la bandeja al horno y cuézalas otros 20 minutos, hasta que la pulpa de la calabaza esté tierna y el puerro y los tomates se hayan chamuscado ligeramente.

Pase el puerro y los tomates a un bol. Escurra las lentejas, enjuáguelas y agréguelas.

Para hacer el aliño, mezcle el aceite y la melaza en un cuenco y añada la mitad a las hortalizas con lentejas. Reparta el relleno de lentejas entre las calabazas y devuelva la fuente al horno. Áselas 5 minutos, hasta que el relleno esté caliente.

Saque las calabazas rellenas del horno, rocíelas con el aliño restante, esparza los piñones y la granada por encima y sazónelas con una buena cantidad de pimienta recién molida.

REMOLACHA ASADA
CON ALIÑO DE VINAGRE BALSÁMICO

- 1 kg de remolachas de variedades antiguas peladas y en cuñas
- 3 cebollas rojas en cuñas
- 250 g de champiñones marrones en láminas
- 135 ml de aceite de oliva
- 5 o 6 ramitas de romero recién picadas
- 400 g de lentejas verdes cocidas, escurridas y enjuagadas
- 3 cucharadas de vinagre balsámico
- 1 cucharadita de azúcar
- 1 diente de ajo bien rallado
- hierbas variadas (eneldo, cebollino, perejil) recién picadas, para servir

PARA 4 RACIONES

Este bonito plato hecho al horno resulta aún más delicioso cuando se sirve con pan crujiente para mojar en los sabrosos jugos de cocción.

Precaliente el horno a 190 °C (170 °C si es de aire).

Reparta la remolacha en una bandeja refractaria. Agregue la cebolla y luego los champiñones, distribuyéndolos por encima de manera uniforme. Rocíe las hortalizas con 3 cucharadas del aceite y esparza el romero por encima. Áselas de 45 a 50 minutos, hasta que la remolacha esté tierna.

Con una cuchara, esparza las lentejas por la bandeja. Prosiga con la cocción 5 minutos más, hasta que las lentejas se hayan calentado.

Mezcle el resto del aceite con el vinagre balsámico, el azúcar y el ajo.

Saque la bandeja del horno, aliñe las hortalizas, esparza las hierbas picadas por encima y sírvalo templado o a temperatura ambiente.

HORTALIZAS DE INVIERNO ASADAS CON LENTEJAS

- 400 g de chirivías peladas y en bastoncillos
- 1 bulbo de hinojo mediano en cuñas
- 5 o 6 cucharadas de aceite de oliva
- 3 cucharadas de jarabe de arroz integral o jarabe de arce
- 1 coliflor mediana separada en ramitos
- 2 puerros pequeños limpios y en rodajas
- 1 col puntiaguda pequeña en rodajas gruesas
- 1 cucharadita de semillas de hinojo
- 400 g de lentejas verdes cocidas, escurridas y enjuagadas
- sal marina y pimienta negra recién molida
- eneldo u hojas de hinojo, para adornar

ALIÑO
- 100 ml de aceite de oliva virgen extra
- 25 g de mostaza a la antigua
- 2 cucharadas de vinagre de manzana
- 15 g de azúcar
- la ralladura de 1 limón

PARA 4 RACIONES

Esta combinación, que se prepara cociendo todos los ingredientes en la misma bandeja, bien podría llamarse el paraíso de las hortalizas asadas: el calor del horno potencia el dulzor natural de los ingredientes y produce un resultado delicioso.

Precaliente el horno a 190 °C (170 °C si es de aire).

Ponga la chirivía y el hinojo en un bol grande y añada la mitad del aceite y todo el jarabe de arroz o de arce. Remueva bien para que las hortalizas queden bien impregnadas y extiéndalas en una bandeja refractaria. Áselas unos 15 minutos, hasta que empiecen a ablandarse.

Distribuya la coliflor en la bandeja. Reparta el puerro de manera uniforme por encima. Corte las rodajas de col en mitades o en cuartos y dispóngalos en la bandeja. Rocíe el aceite restante por encima, esparza las semillas de hinojo y salpimiente. Devuelva la bandeja al horno y prosiga con la cocción unos 20 minutos más, hasta que las hortalizas estén tiernas y empiecen a chamuscarse por los bordes.

A continuación, reparta las lentejas de manera uniforme por encima de las hortalizas y prosiga con la cocción 5 minutos, hasta que las lentejas empiecen a calentarse.

Mientras tanto, bata todos los ingredientes del aliño en un cuenco. Saque la bandeja del horno, aliñe las hortalizas y adórnelas con eneldo u hojas de hinojo.

BRIAM DE COLIFLOR

- 50 ml de aceite de oliva virgen extra, y un poco más si fuera necesario
- 200 g de boniatos frotados con un cepillo dejando la piel y en rodajas
- 12 tomates cherry
- 3 calabacines en rodajas
- 1 berenjena grande en rodajas
- 1 cebolla grande en rodajas
- 3 dientes de ajo majados
- 250 g de caulilini o coliflor
- 300 g de tomate tamizado
- 30 g de hojas de orégano fresco
- sal marina y pimienta negra recién molida

PARA 6 RACIONES

Un plato de hortalizas de estilo griego que está exquisito recién salido del horno, pero que incluso sabe mejor al día siguiente servido a temperatura ambiente. Esta versión incluye boniato, que combina maravillosamente con los otros sabores.

Precaliente el horno a 220 °C (200 °C si es de aire).

Ponga el aceite, el boniato, los tomates cherry, el calabacín, la berenjena, la cebolla, el ajo, la coliflor y el tomate en una fuente refractaria grande. Esparza el orégano por encima y salpimiéntelo generosamente. Mézclelo todo bien con las manos y, si fuera necesario, rocíelo con más aceite.

Cuézalo 30 minutos en el horno precalentado y luego baje la temperatura a 200 °C (180 °C si es de aire). Cuézalo de 20 a 30 minutos más, o hasta que se haya dorado y las hortalizas estén tiernas; si se secara demasiado, añada un poco de agua. Deje que se enfríe por completo antes de servirlo.

HORTALIZAS Y ALUBIAS ROJAS ASADAS CON
SALSA HOLANDESA DE AGUACATE

- 1 cebolla picada
- 3 ramas de apio picadas
- 2 dientes de ajo bien picados
- 3 boniatos pelados y en dados
- 2 zanahorias en dados
- 2 pimientos amarillos sin las semillas y en tiras
- 1 pimiento rojo sin las semillas y en tiras
- 250 g de champiñones marrones en láminas
- 450 g de tomates cherry
- 4 o 5 cucharadas de aceite de oliva
- 2 cucharaditas de comino molido
- 2 cucharaditas de cilantro molido
- 2 cucharaditas de guindilla molida
- 2 cucharaditas de azúcar
- 600 ml de tomate tamizado
- 2 cucharadas de kétchup de buena calidad
- 400 g de alubias rojas cocidas, escurridas y enjuagadas
- 2 puñados de espinacas tiernas
- 1 puñado de cilantro recién picado
- sal marina y pimienta negra recién molida

SALSA HOLANDESA DE AGUACATE
- 1 aguacate grande maduro
- el zumo de $1/2$ limón
- 2 cucharadas de aceite de oliva

PARA 4 RACIONES

Este chili sin carne es poco picante, de manera que es apto para toda la familia. Para los amantes del chile pueden añadirle unos copos de guindilla, un chorrito de aceite a la guindilla o incluso una guindilla recién picada. La salsa holandesa de aguacate da una nueva dimensión al plato, así que procure servirlos juntos.

Precaliente el horno a 180 °C (160 °C si es de aire).

Extienda la cebolla, el apio y el ajo en una bandeja refractaria honda. Agregue el boniato, la zanahoria, el pimiento, los champiñones y los tomates cherry. Rocíe las hortalizas con el aceite, esparza las especias y el azúcar por encima, salpimiéntelas y áselas de 20 a 35 minutos, hasta que empiecen a estar tiernas y doradas.

Saque la bandeja del horno e incorpore el tomate tamizado y el kétchup. Cuézalo otros 30 minutos. Sáquelo del horno e incorpore las alubias, las espinacas y la mitad del cilantro. Vuelva a meterlo en el horno y déjelo unos 5 minutos, hasta que las espinacas empiecen a ablandarse. Esparza el cilantro restante por encima.

Mientras tanto, prepare la salsa holandesa de aguacate. Pele el aguacate y extraiga el hueso. Píquelo y póngalo en el vaso de la batidora (o bien utilice una jarra y una batidora de brazo). Agregue el zumo de limón, el aceite y 3½ cucharadas de agua, y tritúrelo hasta obtener una salsa homogénea. Salpimiéntela, pásela a un cuenco y sírvala con las hortalizas y las alubias rojas asadas.

PIZZA DE PATATA AL ROMERO

BASE DE LA PIZZA

- 500 g de harina para pan
- 1 cucharadita de sal marina fina
- 1 cucharadita de azúcar
- 7 g de levadura seca instantánea
- 1 cucharada de aceite de oliva
- unos 300 ml de agua templada

COBERTURA

- 600 g de patatas harinosas más bien pequeñas remojadas y en rodajas finas (como se indica en la introducción)
- 4 cucharadas de aceite de oliva
- 2 cucharadas de romero bien picado
- 1 buen manojo de cebolletas picadas
- sal marina y pimienta negra recién molida

PARA 4 RACIONES

Esta pizza vegana está hecha con ingredientes que no suelen faltar en la despensa; además, al utilizar levadura seca instantánea, se hace en un momento. Si fuera posible, corte la patata en rodajas y póngalas en remojo en agua fría unos 30 minutos antes de hacer las bases. De este modo quedarán más crujientes.

Precaliente el horno a 200 °C (180 °C si es de aire).

Ponga la harina en un bol grande e incorpore la sal y el azúcar. Añada la levadura y mezcle bien. Vierta el aceite y añada agua templada suficiente para ligar la masa de manera que quede suave pero no adherente. Amásela de 5 a 10 minutos, hasta que esté homogénea. Divídala en dos porciones y extiéndalas en dos rectángulos que quepan en sendas bandejas refractarias.

Escurra las rodajas de patata y enjuáguelas bajo el chorro de agua fría por última vez. Séquelas bien con papel de cocina o un paño de cocina limpio. Póngalas en un bol, agregue el aceite y el romero, salpimiente generosamente y remueva hasta que se empapen bien.

Reparta la cebolleta entre las dos bases de pizza. Disponga las rodajas de patata encima, de modo que los bordes se solapen un poco y cubran las bases. Cueza las pizzas en el horno unos 20 minutos, hasta que la patata esté hecha y bien dorada por los bordes. Córtelas en porciones cuadradas y sírvalas enseguida.

PASTEL DE MAÍZ Y TOFU

- 500 g/17 láminas de pasta filo
- 100 ml de aceite de oliva

RELLENO
- 250 g de maíz fresco, en conserva o descongelado
- 500 g de tofu de consistencia media-blanda
- 2 cucharadas de aceite de oliva
- 2$\frac{1}{4}$ cucharaditas de sal marina
- 460 ml de leche de soja
- 230 ml de agua caliente
- 100 g de polenta instantánea

PARA 6-8 RACIONES

Esta versión vegana del conocido pastel griego de pasta filo es ideal para una comida o cena. El maíz da textura y un agradable dulzor a las suaves capas de tofu, pero también queda delicioso si lo sustituye por verduras escaldadas. Sírvalo con una buena ensalada o, si tiene prisa, un cuenco de yogur vegano.

Primero haga el relleno. Si utiliza maíz en conserva, lávelo y escúrralo bien. En un bol grande, desmenuce el tofu con los dedos, agregue el maíz, el aceite, la sal, la leche y el agua caliente, y mézclelo todo bien. Incorpore la polenta con las varillas. El relleno debe quedar relativamente homogéneo, teniendo en cuenta que contiene granos de maíz y trocitos de tofu.

Precaliente el horno a 180 °C (160 °C si es de aire). Engrase una bandeja refractaria de 20 x 30 cm.

Si las láminas de pasta filo son más grandes que la bandeja, recórtelas a la medida. No se preocupe si se rasgan, ya que pueden arreglarse fácilmente, pero procure mantener intactas las 2 láminas que irán encima de todo.

Coloque 1 lámina en la bandeja. (Cubra el resto de la pasta filo con film transparente para que no se seque.) Pinte la lámina con un poco de aceite. Ponga otra lámina encima y píntela también. Añada y pinte 2 láminas más del mismo modo.

Con una espátula, esparza una quinta parte del relleno por encima de manera uniforme. Cúbralo con 1 lámina, píntela con un poco de aceite y coloque otra lámina encima (esta no hace falta que la pinte). Esparza una quinta parte del relleno por encima de manera uniforme. Siga del mismo modo hasta terminar el relleno; debería tener 5 capas de relleno con láminas de pasta filo.

Para acabar, pinte las 5 láminas restantes con un poco de aceite y colóquelas sobre el pastel. Las 2 que estén mejor deberían quedar encima de todo. Remeta el relleno o la pasta que sobresalgan de la bandeja empujándolos con una espátula entre el pastel y los laterales de la bandeja. Con un cuchillo, marque 16 cuadrados sobre el pastel.

Cueza el pastel 45 minutos en el horno precalentado, o hasta que se dore y se note consistente al tacto. Antes de servirlo, espere a que se enfríe por completo en la bandeja (al menos 5 horas o toda la noche).

HORTALIZAS MEDITERRÁNEAS ASADAS CON ALIÑO DE VINAGRE BALSÁMICO

- 2 cebollas rojas en cuñas
- 1 calabacín grande en rodajas
- 1 berenjena mediana en trozos del tamaño de un bocado
- 1 pimiento rojo sin las semillas y en tiras
- 1 pimiento amarillo sin las semillas y en tiras
- 1 pimiento naranja sin las semillas y en tiras
- 400 g de tomates cherry
- 5 cucharadas de aceite de oliva
- 1 puñado de hojas de tomillo fresco
- 3 cucharadas de vinagre balsámico
- sal marina y pimienta negra recién molida
- hojas de albahaca fresca, para adornar

PARA 4 RACIONES

Cuando en la lista de ingredientes se pide «1 calabacín grande», no se refiere a esos ejemplares que parecen una calabaza pequeña y suelen amargar un poco. Los calabacines de gran tamaño llaman mucho la atención, pero no tienen demasiado sabor, puesto que contienen más agua y las semillas crecen en exceso. Procure asar las hortalizas hasta que empiecen a chamuscarse un poco por los bordes; tardarán prácticamente 1 hora, pero el intenso sabor compensará con creces la espera.

Precaliente el horno a 190 °C (170 °C si es de aire).

Distribuya la cebolla, el calabacín, la berenjena y el pimiento en una bandeja refractaria. Reparta los tomates enteros por encima. Rocíe las hortalizas con el aceite, salpiméntelas y esparza tomillo por encima. Áselas de 50 a 60 minutos, dándoles la vuelta a mitad de la cocción, hasta que estén satinadas, tiernas y algo chamuscadas por los bordes.

Rocíelas con el vinagre balsámico, adórnelas con hojas de albahaca y sírvalas calientes o a temperatura ambiente.

ZANAHORIAS DE VARIEDADES ANTIGUAS E HINOJO CARA-MELIZADOS
CON NARANJA Y ALIÑO DE LIMÓN

- 2 bulbos de hinojo
- 600 g de zanahorias de variedades antiguas
- 4 o 5 cucharadas de aceite de oliva
- el zumo recién exprimido de 1 limón
- 2 cucharaditas de azúcar
- 4 naranjas jugosas
- 1 buen puñado de hierbas variadas picadas (perejil, cilantro, eneldo, cebollino, etc.)
- sal marina y pimienta negra recién molida

ALIÑO
- 100 ml de aceite de oliva
- la ralladura y el zumo de 1 limón
- 1 cucharadita de azúcar

PARA 4 RACIONES

Las llamativas zanahorias de variedades antiguas y el hinojo caramelizados son el aliado perfecto de las rodajas finas y jugosas de naranja. No escatime en hierbas.

Precaliente el horno a 190 °C (170 °C si es de aire).

Limpie los bulbos de hinojo y pártalos por la mitad de la raíz a la punta. Divida cada mitad en tres o cuatro cuñas y distribúyalas en una bandeja refractaria. Corte las zanahorias por la mitad o en cuartos a lo largo, según el tamaño, y páselas a la bandeja. Rocíe las hortalizas con el aceite y el zumo de limón, y esparza el azúcar por encima. Áselas de 25 a 30 minutos, hasta que estén tiernas y un poco chamuscadas por los bordes.

Mientras tanto, despunte las naranjas, pélelas y córtelas en rodajas finas. Para preparar el aliño, mezcle el aceite con el zumo de limón y el azúcar en un cuenco. Exprima la parte retirada de las naranjas para recuperar el zumo e incorpórelo. Salpimiente.

Saque la bandeja del horno y pase las hortalizas a una fuente de servir, junto con la naranja. Rocíelo todo con el aliño, esparza las hierbas por encima y sírvalo.

CHORBA DE BONIATO Y BERENJENA AL AZAFRÁN

- 2 cebollas picadas
- 2 boniatos (unos 400 g) pelados y en trozos del tamaño de un bocado
- 1 berenjena en dados
- 100 g de tomates cherry en rodajas
- 4 cucharadas de aceite de oliva
- 2 cucharadas de mezcla de especias ras el hanout
- 1 litro de caldo de verduras
- 1 buena pizca de hebras de azafrán
- 100 g de espelta instantánea o arroz basmati
- 400 g de garbanzos cocidos
- 1 puñado de cilantro recién picado

PARA 4 RACIONES

La chorba, una reconfortante sopa o guiso, es popular en muchos países del norte de África. Sírvala con yogur espeso vegano, un chorrito de aceite a la guindilla y pan crujiente.

Precaliente el horno a 190 °C (170 °C si es de aire).

Extienda la cebolla y el boniato en una bandeja refractaria honda. Agregue la berenjena y los tomates cherry. Vierta el aceite por encima e incorpore la mezcla de especias ras el hanout de modo que las hortalizas queden bien impregnadas. Meta la bandeja en el horno y ase las hortalizas de 20 a 25 minutos, hasta que se doren.

Eche el caldo en la bandeja y luego el azafrán y la espelta (o el arroz). Escurra y enjuague los garbanzos, añádalos y remueva bien. Vuelva meter la bandeja en el horno y prosiga con la cocción de 25 a 30 minutos más, hasta que la espelta (o el arroz) esté tierna y la sopa se haya espesado. Esparza el cilantro por encima y sírvala.

STRUDELS CRUJIENTES DE PATATA

- 6 láminas de pasta filo de 35 x 30 cm
- 90 g de aceite de girasol, y un poco más para engrasar
- 4 patatas grandes peladas
- 180 g de cebolla en dados
- $1/4$ de cucharadita de sal marina
- $1/4$-$1/2$ cucharadita de pimienta negra majada
- 100 ml de caldo de verduras caliente

PARA 12 PORCIONES

¿A quién no le gusta la patata y la crujiente pasta filo? Esta receta es ideal incluso para los comensales más exigentes y para invitados escépticos en lo que se refiere al veganismo, ya que suele gustar a todo el mundo.

Saque la pasta filo del frigorífico 30 minutos antes de preparar la receta para evitar que las láminas se resquebrajen durante la cocción.

Coloque 1 lámina en la encimera seca con el lado largo hacia usted (cubra el resto de la pasta filo con film transparente para que no se seque). En un cuenco, mezcle 3 cucharadas de agua con 4 del aceite. Con una espátula de silicona, pinte la lámina con un poco de la mezcla de agua y aceite. Coloque encima otra lámina (no es necesario que la pinte).

Corte 2 patatas en dados y ralle las restantes. En un bol grande, mezcle la patata con la cebolla y salpiméntelo.

Precaliente el horno a 180 °C (160 °C si es de aire). Engrase una bandeja refractaria de 23 x 30 cm.

Esparza una tercera parte del relleno de patata en la parte inferior de las 2 láminas de pasta filo formando una franja de 6 cm de ancho, dejando 2 cm de distancia hasta el borde para evitar que el relleno se salga. Enróllelo con suavidad para formar el strudel y colóquelo en la bandeja engrasada. Haga lo mismo con las láminas y el relleno restantes para crear 3 strudels. Píntelos con aceite y, con un cuchillo afilado, hágales un corte que no llegue a la base para marcar 4 trozos en cada uno. Rocíe 2 cucharadas del caldo de verduras caliente por encima de cada strudel.

Cuézalos 10 minutos en el horno. Vuelva a verter un poco más de caldo caliente y repita el proceso hasta terminarlo. Tendrá que cocerlos de 25 a 30 minutos más, hasta que se doren y estén crujientes por encima y los bordes pero blandos y jugosos por dentro. Sírvalos calientes o fríos con una ensalada verde.

COLIFLOR CON ESPECIAS BERBERE ACOMPAÑADA DE ALBARICOQUE, PIÑONES Y MUHAMMARA

MUHAMMARA

- 2 pimientos rojos sin las semillas y en tiras
- 3 cucharadas de aceite de oliva
- 1 cucharadita de comino molido
- 50 g de nueces troceadas
- 1 diente de ajo bien picado
- 30 g de pan recién rallado
- 1 cucharada de melaza de granada
- 1 cucharada de kétchup de buena calidad
- 1 cucharadita de copos de guindilla roja seca
- sal marina y pimienta negra recién molida

COLIFLOR

- 1 coliflor grande
- 3 o 4 cucharadas de aceite de oliva
- 1½ cucharadas de mezcla de especias berbere (*véase* la página 99)
- 50 g de piñones tostados
- 200 g de orejones de albaricoque partidos por la mitad

PARA SERVIR

- 2 cucharadas de melaza de granada
- 3 cucharadas de aceite de oliva
- 1 puñado de cilantro recién picado
- 1 puñadito de perejil recién picado
- hojas de menta, para adornar

PARA 4 RACIONES

La mezcla de especias berbere es original de Etiopía; si la prepara usted mismo podrá adaptarla a su punto de picante preferido. El muhammara es una maravillosa salsa para mojar o servir a cucharadas procedente de Siria, aunque hoy se conoce en gran parte del Mediterráneo.

Precaliente el horno a 190 °C (170 °C si es de aire).

Para preparar el muhammara, mezcle el pimiento con 2 cucharadas del aceite y el comino, y páselo a una bandeja refractaria grande. Áselo 20 minutos, hasta que esté tierno y algo chamuscado.

Páselo al robot de cocina y tritúrelo. Añada las nueces, el ajo, el pan rallado, la melaza de granada, el kétchup, los copos de guindilla y el aceite restante, y tritúrelo de nuevo hasta obtener un puré con algo de textura y con la consistencia de la nata montada. Si quedara demasiado espeso, añádale un poco de agua templada. Salpimiente el muhammara y resérvelo.

Para preparar la coliflor, sepárela en ramitos, póngala en un bol y condiméntela con el aceite y la mezcla de especias berbere. Dispóngala en la bandeja en la que ha preparado el pimiento y ásela unos 15 minutos, hasta que esté hecha pero firme. Esparza los piñones y los orejones por encima, vuelva a meter la bandeja en el horno y déjela unos minutos para que se calienten los ingredientes.

Mezcle la melaza de granada y el aceite y, con una cuchara, viértalo por encima de la coliflor. Adórnelo con las hierbas recién picadas y hojas de menta, y sírvalo con el muhammara.

ÍNDICE ANALÍTICO

CRÉDITOS

DE LAS RECETAS

GHILLIE BASAN
Estofado de calabacines pequeños
Limones en conserva
Tajín de berenjena
Tajín de patata e hinojo asados

LIZ FRANKLIN
Arroz negro con leche de coco al laurel
Calabaza vinatera asada con lentejas y granada
Champiñones portabellini con alubias blancas y aliño de tahín y limón
Chorba de boniato y berenjena al azafrán
Coliflor asada con especias berbere con orejones de albaricoque
Compota de ruibarbo, moras y arándanos asados
Gachas de leche de avena al horno
Granola con pacanas, nibs de cacao, bayas de goji y alquequenjes
Hortalizas mediterráneas asadas con aliño de vinagre balsámico
Hortalizas y alubias rojas asadas
Lentejas y tubérculos al horno
Lentejas y tubérculos al horno
Pizza de patata al romero
Remolacha asada con aliño de vinagre balsámico
Tostaditas y ciruelas asadas con canela y azúcar
Zanahorias de variedades antiguas e hinojo caramelizados

TONIA GEORGE
Sopa de lentejas, espinacas y comino

DUNJA GULIN
Azukis con amaranto
Pastel de maíz y tofu
Sopa de miso con fideos
Sopa de miso curativa
Strudels crujientes de patata
Tofu revuelto

KATHY KORDALIS
Briam de coliflor
Coliflor con calabaza y garbanzos
Crema caribeña de boniato y coco
Crema de coliflor
Curry verde tailandés con caulilini
Ensalada de coliflor asada
Laap de coliflor
Laksa con coliflor
Ragú de coliflor, hortalizas y alubias
Risotto de coliflor
Sopa de fideos dan dan con coliflor
Tres gachas de cereales

JENNY LINFORD
Arroz con azafrán al estilo persa
Arroz rojo mexicano
Chili de alubias y champiñones
Crema de patata con miso
Curry con coco, espinacas y champiñones
Curry de tomate
Dal de tomate con tarka
Ensalada de patatas con harissa y lentejas
Garbanzos con acelgas y patata

HANNAH MILES
Crema de boniato, cilantro y jarabe de arce
Crema de espinacas y nuez moscada
Crema estival
Sopa de patata al curry massaman
Sopa de tres alubias

LOUISE PICKFORD
Arroz al horno con garbanzos y pasas
Arroz con guisantes, habas y judías verdes
Arroz con habas y alcachofas
Arroz con hortalizas

LEAH VANDERVELDT
Alubias negras en salsa barbacoa
Chili de alubias negras y calabaza
Crema de calabaza y coco
Dal de lentejas rojas
Estofado cremoso de boniato y alubias blancas
Gachas clásicas de avena cortada y en copos
Garbanzos tikka masala
Granola con coco y chocolate
Kitchari verde
Lentejas picantes al estilo marroquí
Nachos con guarnición vegana
Salsa cremosa de chipotle
Salsa de aguacate
Salsa de yogur al ajo
Sopa de hortalizas de primavera
Sopa tailandesa verde

LAURA WASHBURN HUTTON
Estofado griego de hortalizas veraniegas

DE LAS FOTOGRAFÍAS
ED ANDERSON: página 11
TIM ATKINS: página 137
JAN BALDWIN: páginas 149 y 160
MARTIN BRIGDALE: página 82
PETER CASSIDY: páginas 69 y 124
MOWIE KAY: páginas 25, 56, 58, 62, 70, 90, 102, 108, 121, 123, 128 y 140
ALEX LUCK: páginas 42, 45, 46, 49, 53, 54 y 59
DAVID MUNNS: página 92
STEVE PAINTER: páginas 1, 14, 17, 18, 19, 20, 22, 23, 36, 51, 57, 63, 64, 71, 77, 78, 81, 98, 106, 117, 132, 135, 136, 139, 143, 144, 148, 151, 152 y 156
WILLIAM REAVELL: páginas 27, 101 y 155
NASSIMA ROTHACKER: páginas 103 y 125
CHRISTOPHER SCHOLEY: página 104
TOBY SCOTT: páginas 38 y 41
YUKI SUGIURA: página 37
IAN WALLACE: páginas 2-3, 27, 28, 35, 47, 83, 91, 109, 112, 115, 119, 120, 133 y 163
KATE WHITAKER: páginas 4, 43, 74, 84 y 129
CLARE WINFIELD: páginas 5, 7, 8, 10, 13, 15, 16, 30, 31, 33, 34, 50, 52, 60, 65, 66, 67, 72, 73, 75, 86, 89, 93, 94, 97, 111, 116, 118, 126, 131, 141, 149 y 167